会社成長のセオリー

経営力の鍛え方

THEORY
OF COMPANY
GROWTH
Norihiro Takai

税理士法人TACT
高井法博会計事務所代表
高井法博

致知出版社

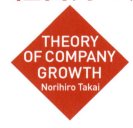

はじめに

思い返せば昭和四十年四月、高校を卒業し十八歳で㈱後藤孵卵場に入社させていただいた。やる気だけはあるが、ドジで失敗ばかりする私を、関連会社の経理、総務、企画室、社長室の責任者として次々と大抜擢をしていただき、試練と大きな仕事を与えていただいた。まさに仕事を通して成長させていただいた十二年間の会社員時代であった。

その間に独学で取得した税理士の資格だけを頼りに、昭和五十二年三月、三十歳の時、税務署にいたことも会計事務所に勤務したこともない私が、後藤静一会長よりお許しをいただき、妻と共に高井法博会計事務所を開業させていただいた。以来、小さいながらも会計事務所を中心に十二の会社団体をつくり、必死だった四十年間の経営者時代。併せて五十二年間のビジネス人生において、千二百社を優に超える会社に関与し、指導をさせていただいた。

多くの企業の興亡・栄枯盛衰を見てきた。あんないい企業が……あんな立派だった経営者が……複雑な思いでその蹉跌《さてつ》を見送ってきた。

多くの会社に関与させていただく中で、業績が良く成長する企業には、多くのセオリーがあり、それらは、極めて論理的、科学的なものであった。経営の原理原則をしっかり勉強し、それをシステム化して会社の中にしっかりと落し込めるかどうかが、企業の盛衰に大きく影響する。このようなことから、私は「経営はシステム」であると確信した。

若い頃、大阪の著名な経営者数人で開催される、私的な忘年会に呼んでいただいたことがある。そこで有名な経済ジャーナリストにお逢いした。その席で私は、「失敗する経営者」の要因について尋ねた。そのジャーナリストは、「それはとても良い質問だ」と、次の二点を挙げた。第一は「己自身を忘れる」こと。第二に「慢心」だと教えていただいた。多くの経営者は、創業時は謙虚に、誠実に、昼夜を惜しんで必死に努力をする。その甲斐あって会社が成功すると、皆からチヤホヤされ、自分が偉いと錯覚をしてしまうのである。経営者の心に驕りと油断が生じ、名声に酔い、財に溺れ、言葉尻や態度が横柄になる。傲慢さが出てくる。「己を忘れ慢心してしまう」のである。「己自身を知れ」ということだ。

経営者は、「会社成長のセオリー」と共に、経営者自身の「考え方・人格を高める」ための勉強をし続けなければならない。そして意識して謙虚に、誠実に、真面目に、日々努力をする「クセ」を身に付けなければならない。このような努力や勉強は、坂道で車を押すのと同じで、継続して続けねばならない。油断するとすぐ元に戻ってしまう。「経営はトップの器によって決まる」

こう考える時、本来「良い会社」とか「悪い会社」というものはなく、あるのは「良い社長」と「悪い社長」だけだということを、つくづく感じる。

社長は、日々判断を迫られる。得か損か、好きか嫌いか、楽か辛いか、正義か裏切りか、それは「人間として正しい判断」なのか？　社長の判断が、会社の盛衰を決める。「人は行動の選択をした時、その結果も決める」「会社の現在の姿は、今までの社長の判断と行動の集積の結果」であることは、論を俟《ま》たない。

この際の判断基準が、会社の成長・経営者の成長に極めて重要になる。基本は「人として正しい」ことが「判断基準」としてしっかりと確立されているかどうかである。人の心は移ろいやすいものである。常に修行と勉強をして人格を高めると共に、このレベルを高く継続し続ける必要がある。

言うなれば「会社成長のセオリーは人間的成長のセオリー」でもある。どこかでこんな詩を見た。

〈儲かると儲ける〉

この世に、
〝儲かる商売〟、〝損する商売〟は
ないのである。
あるとすれば
「儲ける人」と「損する人」

があるだけだ。
「儲ける」と「儲かる」とは違う。
儲けよう　儲けよう　と思っても
儲かるものではない。
儲かるのは、儲かるように
儲かる姿勢をとるからだ。

今から四十五年ほど前、民間会社の社員時代、私は経理と企画室の責任者を任せていただいていた。時の流れの中で、会社は大変厳しい経営状況に陥った。そんな折、親会社の経理担当役員より「大至急、経営計画書を作れ」と、指示があった。
早速、本屋に行き数冊の経営計画に関する本を購入した。また、このようなことに詳しい方を訪ね歩き、他の幹部と共に見よう見まねで、初めて「経営再建計画書」を作った。これが、私と「経営計画書」との最初の出逢いであった。それまでも各々の社員は皆一所懸命努力はしていたが、全社的な統一した方針、戦略・戦術が明確でなく、その結果無駄な努力が多く、次々と起こる問題に対し、もぐら叩きを繰り返しており堂々巡りも多かった。

このような状態から、企業の理念や方針を明確にし、それと共に「どうなりたいのか」「どうしたいのか」を明示し、その年の具体的目標数値を設定した。この目標達成に向けての戦略と具体的戦術、実行手段を明記した経営計画書は、会社が発展するための「未来の決定」であった。精神論だけでは赤字を招く。経営は論理の積み上げであることを、会社の再建過程で体得した。経営者の「最も重要な仕事」は「意思決定（決めること）」そして「実行」である。これこそ最も創造的で重要な仕事であると確信した。当時この「経営計画書」の作成という、まさに経営の根幹に関わる仕事に携わる機会を得たことが、私の一生を決めたと言ってもいい。まさに、虜になった。

今から四十年前の創業時、たった五頁の経営計画書を作成した。女房とたった二人で、自宅の応接間を改装した事務所で経営計画発表会を行った。そこには、「当事務所はお客様の『ビジネス・サポート業』『情報発信基地』『社外重役』になる」との理念と共に、「岐阜市一、岐阜県一、中部でも有数の会計事務所になる」と、お客様数、売上高、利益などを、定量的に記し、その達成期日も明示した。しかし、開業当初は「岐阜市一」「岐阜県一」の会計事務所になると言っても、女房も含めて誰一人として信じてくれなかった。以後、毎年他を圧倒する程の勉強を行い、徐々に増えていった社員と共に、年度毎の目標に向かって衆力を結集して行動していった。

「誰にも敗《ま》けない努力」を続けた結果、戦う毎に面白いほど勝てた。税務署にも会計事務所にもいたことがない我々が、彗星のように頭角を表してきた。その結果、社員も「もしかしたら『岐阜市一』『岐阜県一』の目標は達成できるのではないか」と思うようになってきた。そして若干の早い遅いはあったが、まさに磁石に吸い寄せられるように「目標を達成していった」といっても過言ではない。

併せて、創業以来、「黒字企業製造業」になると決意し、事務所のお客様サービスの第一に「経営計画作成指導」を置き、「正しい記帳」を前提に、迅速で正確な「月次決算書」の提供と「予算と実績とのチェック」を行っている。そして、この数値データをもとに、「差額分析」を行い「このままいったらどうなるか」を予測する。

これをもとに期末目標差額を出し、差額を埋める方策を見つけ出して実行に移し、目標を達成する。このような「先行管理」システムの助言をお客様に対して徹底して行ってきた。

多くのお客様がこの助言を受け入れてくださり、「経営計画書」を作成し「予実チェック」を行い、「先行管理」を行う。P（プラン）D（ドゥ）C（チェック）A（アクション）の成功サイクルを社内に導入し、国税庁発表の黒字化率三十・六％（平成二十七年十月発表）に対し、当事務所のお客様は全国平均二・三倍、七十一％の黒字化率となっており、創業時の理念の具現化であるお客様の黒字化支援は、順調に進んでいる。

創業から九年経った昭和六十一年、当事務所は機関誌『一期一会』を創刊し、今日に至るまでの三十年間、巻頭言にはその時々に私自身が「こうすべき」と思ったことや学んだことを書いてきた。その時々の世の中で起こる事象に合わせ、中小企業はいかに対応すべきか。経営者と幹部は、このような事象に対しどのように考えるべきか、私自身が人生の師や素晴らしい先輩や古典をはじめ、多くの書から学んだこと。

私が生まれてから学校を出るまで、その後十二年間の会社員時代、部門経営者として「会社の仕事」というより「自分の人生」と認識し、会社と一体となって働き「仕事を通し成長させていただいた」こと。

創業から四十年、会計事務所を中心に十二の会社団体をつくり、泥水をすすりながらも死にもの狂いで過ごしてきた経営者時代に気づいたこと。また、今まで関与させていただいた千二百社を超える会社から、「仕事を通して学ばせていただいた」こと、どれもこれも、七十年の自分の人生の中で体得し、私の「判断基準」「考え方」としてきたものを、本書にまとめさせていただいた。

このうち、今から十年前までのものについては、平成十八年九月、やはり致知出版社から『成功するまでやり続ける』と題してまとめさせていただいた。本書は、前回の出版以降、執筆したものをまとめさせていただいた。その内容は、長期にわたって書き続けたもので、その時々の時代にはマッチしていたが、現在では多少のズレを感じるものもある。時間の許す限り、加除・補筆はさせていただいたが、時間的制約から、いまひとつ補正ができないものもあった。この点はご理解をいただき、お許しをいただきたいと思う。

今回、十年前の前著と同様に、致知出版社 藤尾秀昭社長のご厚意で、あえて出版させていただくこととなった。

前著と共にご愛読いただき、人生やビジネス社会、経営で難問にぶつかったり行き詰まったりした時に、いささかなりとも参考にしていただければ幸いである。

会社成長のセオリー＊目次

第一章　会社は社長次第

第二章　企業は人なり

第三章 時流を読み、打つ手を見出す

第五章　我が人生に悔いなし

特別対談

装幀――川上成夫

第一章

会社は社長次第

「黒字」にするのが、社長の仕事

――赤字では企業の存続はない

国税庁の発表によると、平成二十六年四月から二十七年の三月までの黒字申告割合は三十・六％であった。すなわち六十九・四％の企業が赤字であるということである。戦後の日本復興期高度成長時代の黒字率は六割七割を記録し、企業数もドンドン増えていた。それが安定成長、低成長を経てマイナス成長時代に突入し、四割・五割へと低下した。ついに三割から一時は二割台に低下した。企業の数も年々減少し、個人事業も含めた事業所数は四百万社を割ったと推定される。

一、赤字の累積では企業は存続しない

赤字とは、売上高から変動費（仕入れや外注費）を引いたものが限界利益（粗利益）

であり、その限界利益から固定費を引いたらマイナス（赤字）になるということである。このような赤字の会社が日本全国の約七十％あるという。

詳しく解説すれば、減価償却費等の現金支出を伴わない費用を超える赤字は、まさに汗水たらして必死に働き、夜寝ている間も経営のことを考えていても、現預金が減少していくことを意味する。今まで泥水をすすりながら爪の先に火を灯すようにして捻出し、そこから税金を払って貯めた本当に貴重な現預金が、二～三年も赤字を出していたら、あっと言う間に減少していく。赤字の累積は企業の存続基盤を危うくする。

二、社長の仕事

会社が存続しなくなるということは経営者自身の生活基盤をなくすということは当然だが、たった一度しかない人生を会社に託し、必死に働いてくれる社員を路頭に迷わすことであり、お取引をいただいたお客様や地域・国家社会にも貢献できないことを意味する。経営者は、多くの社員の生活を維持し、お客様の事業の一翼を担い、地域社会に対しても大きな責任を負っている。

私は「本当に社長がやるべき仕事をしているだろうか？」とつくづく思う。目先の現業の「作業」に忙殺されていないだろうか？

率先垂範も重要だがこれだけではいけないし、内部管理をするのが社長の仕事でもない。

真に社長のやるべきことは**「事業の経営」**である。現在、当社のお客様は七百社超になるが、伸びている企業には共通する特徴がある。それは社長が「事業の経営」を行っているということである。言い換えれば良い会社や悪い会社というものはなく、あるのは「良い社長」と「悪い社長」がいるということである。良い会社とは、良い社長が儲かる方向に、利益の上がる方向にハンドルを切っているということである。

三、「黒字化支援」のためにＴＡＣＴグループが行うべきこと

前述した通り日本の企業の黒字割合は平成二十七年三月度が三十・六％、当社のお客様の黒字割合は七十一％と全国平均の二・三倍以上の実績である。これは、まずお客様の努力が第一だが、創業当初より経営の原点は記帳からとお伝えし、しっかりし

た経理と月次巡回監査による月次決算の実施、経営計画書の作成をはじめとする年間六十回以上の各種勉強会の実施、その他各種専門分野を担当する社員、顧問、相談役を通した経営助言が多少なりともお役に立ったのではと自負している。しかし、未だ二十九％のお客様は赤字であり、この**お客様の黒字化**への支援と現在黒字のお客様にも、更に**黒字額を極大化し究極的には無借金化**を強力に推進することがお客様の望みで、ＴＡＣＴグループが期待されていることと自覚し**「黒字化支援」「利益極大化」「企業の健全発展」**のための施策として、旧にも倍し次のような事業を強力に推進することを決定した。

①経営計画書作成支援……創業以来一貫して経営はシステムである、と提唱してきたが、黒字企業のお客様の共通点は「経営計画書の作成」と「月次決算の徹底」であり、この二点が黒字決算の要諦であることを確信し強力に推進していく。

②社長、幹部への徹底した勉強会の実施……勉強していない社長・幹部は何から始め

てよいのか、何をやらねばならないのかが解らないというのが実状だと思う。

前述したが、赤字というのは売上高よりも経費が大きいことを意味するが、黒字化するために売上高をいかに増やすかを知らねばならない。併せて限界利益額を増やすために、差別化した製品、商品、サービスでいかに高付加価値販売をするか、そして量をいかに増やすか、グローバル化を視野にいれていかに安く造り仕入れるかを検討すべきである。固定費で無駄な冗費は徹底して削減し、同時に売り上げを増やし利益を上げるための費用は使うというメリハリをつける。

経営の要諦を掴むための勉強会を今まで以上に開催し、真にお客様のためを思う社員が強力に出席を働きかける。勉強しないと良い点はとれない。学生も経営者も同じである。

③「黒字化対策コンサルティングツール」の提案……社内各部署からお客様が黒字になるための約二百のコンサルティング項目を抽出した。今後、毎月一～三項目を会

社の規模、業種、経営者・幹部の経営力、財務体質、人材の層等を勘案して三行企画書で提案させていただく。もし、この提案をしない監査担当者がいたら、担当上司（主任、課長）または監査部担当役員、私宛に連絡をいただきたい。即刻対応いたします。

これらを一つひとつ実践していただければその分だけ赤字が減少し、利益が増える。経営とはまさにそのような利益の上がる方向、あるべき姿に向けての一歩一歩の日々の積み上げである。自らの努力、実践行動によって黒字を勝ち取っていこうではありませんか。

我々が生まれてきた大きな目的は、仕事を通して多くの方々、人類、国家社会のために貢献することである。そのために黒字を出し、少しでも多くの社員を雇い税金を払い、国家社会のために尽くし、社会性のある生き方をしたいと思う。

企業（人生）成功の秘訣は「目標設定」にある

――どうなりたいのか、どうしたいのかを明確に

私は会社員時代から、正月に毎年自分がその年に行おうとすることと、仕事上その年にどのような課題を解決し、パラダイムシフトを図るかを箇条書きにしている。そして、その紙を拡大し自室の机上のラバーの下に置いたり、目の前の壁やトイレに貼る習慣があった。その具体的内容は、一度しかない人生の中で色々な本を読み、素晴らしい人の話を聞き、新聞やテレビ等から学び、自分が「どうなりたい」「どうしたい」と強く思ったことを書き出したメモの中から厳選し、箇条書きにしたものであった。そして、それを四六時中見続けることにより、朝新聞を読んだ時、日中お客様や同僚との対話の中で、それこそトイレにいる時も、眠っている間でさえもその目標達成のためのヒントやアイディアが浮かび、気付きが次々と出てきた。それをメモし、

スピードをもって即実行に移していった。試験は制限時間の中で結果を出さねばならないが、実社会では、それこそ寝る時間や休日を使っても良かった。こんな努力を続ける中で、「人の倍やれば勝てる」ということを体験的に身につけた。倍で難しい時は密度で三倍、四倍の努力をすることが習い性となった。「努力は人を裏切らない」ことを確信するに至った。それが正しいことであるならば「成功するまでやり続ける」それが、私のソフトウエアに組み込まれた。そうしたら立てた目標のほとんどは磁石で吸い寄せられるように達成することができた。しかし、多くの人は目標を立てるが実行段階になると、他責にして諦めてしまう。要はその問題を真正面に捉え創意工夫をし、その問題を乗り越えていくのが成功への道程である。

いろいろ屁理屈をつけてやらないことやグチは、できない自分を正当化しようとする言い訳であると思う。

私はお客様向けに、開業してから毎年経営上の留意事項を三つ箇条書きしたポスターを作成し、新年にお客様にお持ちして、その意図をお話しし、事務所や工場に貼ってもらっている。今年の目標標語は次の三点で、多少の解説をさせていただく。

一．「企業成功の秘訣は、目標設定にあり」。練りに練った「経営計画書」を作成し、「衆力を結集」し、「不退転の決意」で完遂しよう。

この言葉は私の人生と事業経営の基本的信条の一つで、「正しい目標」が大前提である。これをあらゆる角度から検討に検討を重ね、それを経営計画書に戦略戦術と共に時間軸で達成期日や責任者も明文化する。この目標を皆で共有し梯子をかけて四方八方から登る。この目標は努力目標ではなく何としても必ずやり切る、という不退転の決意である。

二．「成功者は皆、ポジティブ」である。「経営の要諦はスピード」。返事は「ハイ、解りました」ではなく、「ハイ、すぐやります」に。「実践行動こそ全て！」

成功者は皆前向きで明るく誠実で謙虚、素直である。私は現在七十歳だが、ネガティブで成功した人を見たことがない。また変化の激しい現在、遅いのは致命的である。岐阜車体工業㈱の星野鉄夫会長よりお聞きした話で、「トヨタかんばん方式」の産みの親、大野耐一氏よりいろいろ指導を受けたその時「ハイ、解りました」と答えたが、翌日それを確認された時ほとんどやられていないのを厳しくどやしつけられ、その後は「ハイ、すぐやります」と返事を変えさせられた。私の信条のいくつかを列挙すると「実践行動こそ全て」、「知性と行動の選択は別物である」「知行合一」実行しなければ何も変わらない。結局はあらゆることが「やるか。やらないか」である。

三．大人物と言われた人は「自己中心的発想」から脱却し、「相手中心の発想」「自利とは利他を言う」を、皆体得している。自らを磨き、「世のため人のため」に尽くそう。

成長していない経営者に共通する特徴は、発想が常に自己中心的である。人物の大小は利己心の強弱に反比例する。利己心が強いということは、物を考え行動するに当たって常に自己中心的な考え方、行動しかとれないので、この発想の構造を切り換えることが大成功、大人物への原理となる。一回しかない貴重な人生をどう生きたら良いのかは重大問題である。そのためには毎日命がけで必死に勉強し、自らを磨き「成功哲学」を身につけ、正しい人間の生き方を求め続けねばならない。常に修業し、勉強をし続け「世のため人のために」尽くす生き方を体得し、ソフトウエアを構築する必要がある。

決断が経営者の仕事
——経営は論理の積み上げ、成功するまでやり続ける

一、人生はまさに出逢いであり、邂逅だ

これまで本当に多くの人と出会い、学び、その中でさまざまな方や企業の応援団を務めてきた。そして、常にその出逢いは生涯ただ一度という覚悟、常に「一期一会」の思いを持って接してきた。

私は落語の祖といわれる安楽庵策伝《あんらくあんさくでん》が住職を務めた浄音寺（岐阜市三輪）で生まれた。貧乏だったが父母は教育熱心で、理解があり、本や新聞代を惜しまなかった。そんな父が病に倒れ、やむなく高校進学を断念した時に出逢ったのが後藤静一会長（㈱後藤孵卵場創業者）だった。私を奨学生第一号として迎えてくれ、岐阜県立岐阜商業高等学校進学の道を開いていただいた、感謝してもしきれない恩人だ。不器用で小心者

だった自分を変えようと、高校では応援団に入り、校訓「不撓不屈」魂が強烈に身についた。「岐商」の名も汚せないし、何より誰にも負けたくなかった。だから卒業後は大恩ある㈱後藤孵卵場に入社し、誰よりも働き、勉強した。不撓不屈の精神があれば必ず社会で成功できると信じていたし、今でも信じている。

二、成功するまでやり続ける

私は、二十四歳から働きながら六年かけ、税理士資格を取得し、独立を願い出た。後藤静一会長の慰留はありがたかったが、最後は理解して下さった。三十一歳で開業した直後に記した決意がある。中小企業の「ビジネス・サポート業」「情報発信基地」「社外重役」になろう。中小企業経営者の肉親のように一体となり、その経営に真に役立ちたいという決意だった。後に税理士法人とした時、定款の第一条に迷いなく掲げた。㈱TKC創設者、飯塚毅先生が説いた「自利利他」の精神は、「自分の利益を考えるのではなくまず相手の利益を考えること」。これこそまさに私の進むべき道であり、今でもこの想いは全社員で共有している。

経営者は孤独である。最後に決断するのは自分であり、責任のすべては自分の肩にかかってくる。重要なことは責任を他人に転嫁する「他責」ではなく「自責」。一度しかない人生を真に成功させようと思うのであれば、ポジティブでなければならない。目標をやり遂げるという強烈な願望を抱き、いったん正しいと信じれば断固として初志貫徹する。つまり、「成功するまでやり続ける」ことだ。

三、経営者の最大の仕事は意思決定

会社員時代に経営計画書の作成という経営に関わる仕事に携わる機会を得たことが、私の一生を決めたと言っていい。まさに虜になった。

企業の理念や方針を明確にし、その年の具体的目標に基づいて戦略と具体的戦術、実行手段を明記した経営計画書は、会社の未来の仕事につながる意思決定の基準となるもの。いろいろな経営手法がある中で、当社の実状「人」「物」「金」等の経営資源を考慮し、どのようなやり方で経営していくかを、明確にすることである。まさに経営者の最大の仕事は意思決定だ。これこそ最も創造的で重要な仕事である。

経営計画発表会は当社にとって最も重要な行事である。会社の盛衰は決断と行動の集積によって決まる。精神論では赤字を招く。経営は論理の積み上げである。

あとは、この経営計画書で明示したことを、衆力を結集していかにやりあげられるかである。

経営者・幹部は数字に強くなければならない
――財務の弱体な企業で、成長発展をした企業はない

社長としてやるべき重要な仕事は山ほどある。しかしその中で最も重要な仕事は、あらゆる手を尽くし、資金を続かせ会社経営を継続させることである。

いくら高邁な理想を掲げても、人格的に立派でも、他にどんな素晴らしい業績を挙げても、資金繰りがつかず会社が行き詰まるようでは、経営者としては失格である。社員を路頭に迷わせ仕入れ先への支払いも踏み倒し、得意先その他多くの方々に迷惑をかけ、一家を離散させてしまったら、今までの努力はまさに水泡に帰すこととなる。

一、倒産する会社の社長は数字に弱い

数字は事業経営をしていく上で、「現代経営の中核」をなすものである。しかしな

がら、倒産する会社の社長の多くは数字に弱い。

社長は会社の運転手であり、社員やその家族を乗せて走っている。その社長が「私は数字に弱い」「私は運転が下手だから」なんて言ってもらっていては生命や生活を預けている社員はたまったものではない。運転が下手なら練習してうまくならなければならない。こういった経営者は数字を無視し、勇気や気合、義理人情や浪花節で経営をしようとする。

企業の生死をつかさどるものは財務だと言えるのであるが、金、儲ける、貯める、などと口にすることは卑しいことであると考えている人は多く、功成り名遂げた経営者は解っている筈だが、なぜか真実を言わない。時代は大きく変わり経済は成熟化し、複雑なグローバル経済の中に組み込まれ、一方、少子高齢化は急速に進み、地球環境を無視した経営は成り立たなくなってきている。

このような時代において、社長は会社の経営の実態を数字で正確に把握した上で、的確な判断を下さなければならない。これほど重要なものを社長や会社の幹部が軽視していては話にならない。財務は事業をしていく上で発生する後追い的な仕事で、会計事務所に任せておけばよいとか、多少の悪い数字も安易に粉飾を行って、数字は自分の都合の良いように書き換えられる、操作できるものだと思っている社長さえいる。ところが「財務が悪いと評価されない時代」となった。財務諸表は社長の考課表である。いかに人格的に優れていたとしても、会社が赤字続きでは優れた社長とはいえない。社長はあくまでも利益を追求すべきである。

ただし、義にかなった利益であることは論を俟《ま》たない。

二、勉強して数字に強くなろう

経営は結果であり、結果はすべて数字で表される。企業を誤りなく発展させるためには、企業活動の実態を正確に把握せねばならない。そのためにはいかなる操作も加えてはならず、経営に関する数字は唯一の真実を示すものでなくてはならない。

貸借対照表や損益計算書のすべての勘定科目と数字は誰が見ても一つの誤りもない完璧なもの、会社の実態を百％正しく表すものでなくてはならない。ここから導き出される各種分析比率等の数字は飛行機の操縦席のメーターの数値に匹敵するもので、社長を目的地まで正しく到着させるナビゲーターの役目を果たすものである。

また、これからの時代は、とりわけバランスシート（貸借対照表）つまり、資本の収益性に大きく注目しなければならない。自己資本比率とか自己資本利益率、つまり資本効率が重要視される。日立キャピタル㈱の名誉顧問、花房正義《はなぶさまさよし》氏は、「数字は科学の言葉だ」と言われる。科学は分析だからバランスシートに集約されている数字、これこそ経営を簡潔に物語っている鏡で、これを武器としてバランスシートを通じて物事を分析し、会社の行く末の絵を描くと言われる。まさに至言だと思う。

会社が赤字であるということは、会社のシステムが狂っていることを意味する。売上高から変動費（仕入れや外注費）を引いたのが限界利益（粗利益）であり、その限界利益から固定費を引いたらマイナス（赤字）になるということである。

このような言葉が解らないという人がいる。社長でありながらこれらの言葉が解らないということは、明らかに勉強不足であるということを自覚してほしい。社長や幹部が、このくらいの経営上必須の言葉を知らないということは、恥と思って勉強をしてほしい。小学生でも小遣いをもらい、その枠の中で使わねばならないことは知っている。

入《い》ずるを量《はか》って支出を抑えること、この当たり前のことを大事にしてほしい。資金繰りに窮している会社も、資金不足という面だけに目を向けるのではなく、その根本原因を、数字をもとに論理的科学的に追究していく必要がある。

財務管理とは企業活動を資金の流れに基づいて把握し、その効率化を図るべく、計画・統制することである。「数字がすべてを語る」「数字こそ真実を知る唯一のもの」である。かつてヤマト運輸㈱中興の祖、元会長の小倉昌男氏が「学校で習ったことで卒業後も役に立ったことは何かと聞かれれば、即座に小学校の算術だったと答えた。自分で筋道をたてて考える習慣を身につけたことが、企業経営にも大きく影響を与えていると思う。経営も詰まるところ論理の積み重ねだから」と述べられている。

数字に弱いということを自覚される人は勉強してほしい。過去のことはよい。過去は変えることができないから、気づいた時が一番若い時である。未来は変えられる。

当社では、経営者が数字に強くなるための数多くのセミナーを用意している。

まず「決算書の見方活かし方セミナー」がある。経営者が決算書を見られないようでは話にならない。

次にＭＧ（マネジメントゲーム）セミナーである。戦略戦術、資金繰りの勉強をしていただきたい。このゲームを二十五期やると経理が解る。五十期やると営業のやり方が変わる。百期やると経営者の経営のやり方・人格が変わり、会社が変わると言われている。経営者は他を圧倒するほどの勉強をし、経営の技を磨いてほしい。

「古来、財務の弱体な企業で、成長発展をした企業はない」

すぐやる‼　必ずやる‼　できるまでやる‼

――成功の大原則……実践行動こそ全て

よくいろいろな方から「どのような業種が儲かっているのでしょうか？」という質問を受ける。

そんな時、私は「確かに業種的に、時の流れに乗って儲かりやすい環境にある業種はある。今なら、ＩＴや福祉・介護、太陽光等の環境・エネルギー関連等がある。しかしこれらは、儲かるとなると雨後の筍のように、様々な業種から一気に参入し過当競争となる。そんな時にこそ経営者の真価が問われる。儲かる業種というより、それぞれの業種に儲かっている企業と儲かっていない企業がある、と言った方が正しい。例えば成熟産業といわれるアパレル業や印刷業において、たとえ同じ産業団地内に立地していても、高い成長をしている企業もあれば、経営不振で企業の存続すら危ぶまれる企業もある」と答える。

この違いは何だろうか？

一、結局は「良い社長」と「悪い社長」の差である

いろいろな会社に関与させていただき、結局は「良い会社」とか「悪い会社」ではなく、あるのは「良い社長」と「悪い社長」の差だとつくづく感じる。

社長は日々判断を迫られる。得か損か、好きか嫌いか、楽か辛いか、正義か裏切りか。それは人間として正しい判断か？　社長の判断が会社の盛衰を決める。社長が判断をした時に、その結果も決めることとなる。企業の現在の姿は、今までの判断の集積の結果であり、良い社長は第一に勉強熱心で、その勉強の中で卓越したビジネスセンスが磨かれ革新的なビジネスモデルを展開できる術を身につけている。また、人間としての正しい生き方を身につけており、明るく前向きで、明確な哲学的な裏づけのある志を持っている。何のためにこの事業を行うのかが根幹にあり、生涯を通して不動である。何が起こっても、決してあきらめない。判断基準、座標軸が実にしっかり

している。

二、すぐやる‼　必ずやる‼　できるまでやる‼

この言葉は一九七三年七月、二十八歳で四名の仲間と共に、自宅の牛小屋を改装して、日本電産㈱を設立した永守重信氏の言葉である。日本電産㈱は駆動技術に特化した事業の強化、拡大に向け、M&Aをはじめ積極的な事業展開を進め、現在では日本を代表するグループ約二百四十社、社員十万人の巨大グローバル企業にまでなった。

永守重信氏の経営原点である「三大精神」は、

①「情熱・熱意・執念」
②「知的ハードワーキング」
③「すぐやる、必ずやる、できるまでやる」

の三つである。

永守氏は今まで倒産寸前まで追い込まれていた四十社以上の会社をM&Aの手法で経営権を譲り受けて、再建にあたってこられた。この中で倒産企業の共通点としていくつか挙げておられる。

それらを列挙すると、工場や会社の清掃が行き届いていない。掃除は会社の業績には関係ないと思う人がいるが成績優秀企業は掃除等の「環境整備」がしっかりとできている。

次に社員の出社が遅く、出勤率が悪い。出社時間を調べると二つの顕著な傾向が出てくる。管理者の出社が遅く、部下もそれを見習っている。昼食後の帰社も時間ギリギリか、数分遅れて戻るというのが常道となっている。緊張感を持って仕事をしていない表れである。出社が遅く終業が深夜○時近くになる組織もあり、それならば早く帰り朝早く来るべきだと指導する。また同じ会社の営業部門でも、儲かっていない営業部門ほど出社は遅く、逆に管理者が早く出社して段取りを立てミーティングをしている営業部門は儲かっている。「固定費の多くを占める人件費を切り詰める以前に、まず遅刻や早退、そして何よりも安易な欠勤を許さないという規律と早く出社し、ムダ口を排除し、集中的に仕事をするなどの、ビジネスマンとして当たり前の意識を高めることが飛躍的に業績を向上させる」と言われる。

また日本電産㈱とこれらの会社の一番の違いはスピードで、ダメな会社は、経営判断のスピード、決断してから実行するまでの時間が極めて遅く三倍以上はかかる。中には遅いどころか、決めても具体的実行がされず一日延ばしになっている管理者には強力なリーダシップがない。また、始めたとしてもその進捗管理が曖昧で中途半端な結末となっている。このように仕事に対する姿勢がなっておらず、意識が低い社員、決断の遅い幹部や経営者が会社を赤字にさせ、命運を大きく左右していた。日本電産㈱では「すぐやる！　必ずやる！　できるまでやる！」を合言葉として管理者が徹底してこれを追求し、会社の体質にまでしているといわれる。

三、成長企業の差は「実行の徹底度の違い」にある

成長企業との差は、経営者がよく勉強をし経営力を磨き、正しい経営判断をし、革新的なビジネスモデルを構築することと共に、決められたことを「迅速に実行する徹底度」の違いにある。

ユニクロの柳井正社長がユニクロ成長の秘訣は「ユニクロも他の会社もやっている

ことはほとんど一緒で、何が違うかというと『徹底度』で、私は物事を徹底的に徹底する。決められたこと、指示したことは必ずやりきらせる。安易な妥協を廃し徹底できる人間を幹部に登用していく」と言っておられる。

どんな企業も打つ手は限られ、そして各社が考える戦略や戦術も大きな差はない。その中で決められた戦略を実行しきれている企業が、結果として「勝ち組」となっている。やり切れるか、やり切れないか、これが大きな違いとなる。いくら素晴らしい戦略を描いたとしても、それを実行しなければ絵に描いた餅になる。

そして実行の段階で決め手となるのは、企業のトップではなく、各部門の管理者にかかっている。厳しい経営環境の中、会社にとって何が一番大切なのかを自覚し、それを具体的な行動に落とし込み、部下や周囲（上下左右）を巻き込んで推進していく。そのような管理者が何人育つかで、業績は変わってくる。その点を自覚して、人財育成と、組織の構築に、精一杯の努力をしていく必要がある。

日本航空に見る事業再生のあり方
——経営者はもっとしっかり、真剣にやるべきことをやろう

この年は、ソニー、パナソニック、シャープ、東京電力、エルピーダなど、まさに日本を代表する企業の経営不振が伝えられた。

一連の自然災害、これに伴う原発事故、電力不足、欧州の財政危機、長引く円高。日本の政治がこれらに対応できない間に、官民一体となって競争力を増している韓国や、中国をはじめとする新興国との価格競争は激化した。

我が国は、少子高齢化・人口減少時代を迎え、総需要が減少している中で、日本の代表的企業が二期連続の巨額な赤字を計上するなど、今なお抜本的改善策を見出《みいだ》せず、企業の存続すら危ぶまれるような状況にあった。

一、JAL再生の経緯

長年の経営不振から二〇一〇年一月に会社更生法を申請し、破綻した日本航空の奇跡に近い再生劇には、目を瞠《みは》るものがある。

一九八七年完全民営化以降、日航ホテルを国内外に展開するなど次々と多角化。日本エアシステム、日本アジアシステムの二社の吸収合併等や、政治家の要請による不採算国内線や無謀とも思える国際線の拡充を行った結果、何度も経営不振に陥ったが、政府保証をつけた協調融資等で乗り切ってきた。

しかし、二〇一〇年一月、ついに会社更生法を申請し破綻した。これを受けて再生支援機構から公的資金の注入も受け、再生を図った。その主な内容は、国内外四十五不採算路線からの撤退、約三分の一に当たる社員一万六千人の人員削減と既存社員の大幅な給与引き下げ、燃費の悪い老朽航空機の全機退役、ホテルや旅行子会社などの売却統合、銀行融資などの一般債権の九割近いカット等を受けたことだ。

こうした努力の結果、約一年後の二〇一一年三月には、連年多額の赤字を出していた企業が、グループ連結業績千九百億円弱の営業利益を上げ更生計画を終結。翌二〇一二年三月には二千四十九億円の過去最高益を上げ、二〇一一年九月十九日、上場廃止からわずか二年七カ月という驚異的なスピードで再上場を果たした。この時の公募価額三七九〇円のところ、初値は三千八百二十円という高額な価額をつけた。この間、企業再生支援機構から緊急に投入された公的資金（JALの出資金）三千五百億円は上場と同時にすべて売却、投入した公的資金は全額回収されただけでなく、国は三千億円を超える売却益を得て国庫に納入されることとなった。

これは二〇一二年で最も明るい経済ニュースではなかっただろうか。

二、JAL再生の要諦

この日航再生の最大の要諦は無給で、七十八歳という高齢で会長に就任された京セラ㈱稲盛和夫名誉会長に負うところが大きい。

① 日航再建を引き受ける「大義」

再三にわたる政府や再生支援機構からの会長就任要請を、航空運輸業の経験も全くなく、長年にわたる山のような経営課題を抱え二次破綻は必至と言われる中、固辞されていたが、最終的には次の三つの大義から再建を引き受けられた。

第一は、一万六千人ものリストラを断行せざるを得なかったが、残った三万二千人の社員を何としても救いたい。

第二に日航のような日本の代表的企業が二次破綻を起こすと、日本経済に大きな影響がある。日本経済を守るために。

第三に日本の自由経済を守り国民の利便性からも、日本の大手航空会社が一社になってしまうことは健全な競争原理が働かなくなる。二社が切磋琢磨することにより、利用者が良質なサービスと安い運賃を享受できる。第二電々設立と同じ「大義」であり、「世のため人のために余生を捧げたいという利他の心」の実践であった。

②　日本航空再建の真の要因

たった二人の京セラ役員と経営哲学「京セラフィロソフィ」と、経営管理システム「アメーバ経営（部門別採算性）」だけを携えて向かった日本航空は、「企業としての体を成して」いなかった。危機感がなく、目標を達成するという文化がなかった。経営の基本は第一に考え方を統一すること、ベクトルを合わせることである。最初に行ったのが「意識改革」であった。二十四時間稼働の日航の中で非番の各部署に朝昼夜、階級ごとに「フィロソフィ」の勉強会を開催した。エリート集団の日航社員の中には多少の反発もあり、ついてこられない人もあったが、粘り強く説得した結果、やがて一人二人と意識を変える人が現れ始め、それが伝播《でんぱ》し日航社員全体の意識がどんどんと変わっていった。

並行してもう一つの武器「アメーバ経営」の採用であった。路便別、部門別、子会社の各部門・各アメーバがどのくらいの売り上げをあげ経費を使っているかを迅速にデイリーで、かつ詳細に見えるようにした。それはあたかもパイロットが、各種の計器を見ながら飛行機を操縦しているさまと同様の論理である。

それらの各部門の数字は、毎月の経営会議で三日間にわたって発表され、社員の採算意識の向上を促した。リーダーにはこの考えを真に理解し、人格を高め迅速で剛腕な実践力のある人間を学歴とは関係なく採用した。組織風土を根本から変革させ、経営改善にあたり大きな効果を発揮した。

③ 経営者はもっと性根を入れて経営を！

日航の巨大組織の再生劇を見る時、社員五人や十人くらいの、わずかな人員の会社を何故改革再生できないのかと強く思う。もっと「強い志」と「強い信念」を持って諄々《じゅんじゅん》と心を込めて「フィロソフィ」「理念」を社員に説き続け、ついてこられる社員がそれぞれ経営者マインドを持ち、会社の隅々で率先して創意工夫をしながら経費を減らし、売り上げを増やしてくれるようになる。そうなれば会社はガラッと変わっていく。利益の上がらない会社は今年こそ他責はやめ、経営者はいい加減な行動や経営から脱皮し、強い信念と決意を持って陣頭に立ち会社を再建し、素晴らしい会社にし、社会の期待に応え、社員を幸せにしようではありませんか！

「たった一度の人生だから！」

企業経営と「人財育成」
――人は仕事を通して成長する

私自身が十二の会社団体を経営する経営者であると共に、会計事務所を主体に七百社を超える企業の顧問として経営に関与させていただく中で、経営者の苦しみや悩みは痛いほど解る。本当に様々な悩みがあり、会社により千差万別であるが、大きく分けてみると次の三つとなる。

第一に、固定費をまかなうべき「売上高」「限界利益」を上げることがいかに難しいかである。時代は刻々と変わり、市場の要求は常に変わる。

第二に「金」である。中小企業の七割近い企業が赤字である。単純に言えば収益より経費の方が多いことを意味し、事業を継続させることそのものが資金を流出させ続けることとなっている。また、黒字の企業も利益の半分近くを税金で払い在庫や売掛金、受取手形等で資金を滞留させ、設備投資をするとビックリするほど「金」は残らない。

第三に、「人」である。経営者はまさに、人で神経をズタズタにしていると言っても過言ではない。企業発展の成否は結局人次第で、経営者の悩みの多くも、ふさわしい人財が得られれば解決してしまう。結局このような「人財」を育成し、そろえた会社が勝ち残っていく。

今回は、人材を敢えて人財と書いた。人材には三つあるという。人在（ただいるだけの人）、人罪（いることそのものが罪の人）、人財（真の有能な人）。この人財をいかに育成し、そろえていくかである。

一、リーダー（経営者・幹部）が自らを磨く

「人財育成」とは、部下のことではない。まず、リーダー自らが自分自身の「考え方」「人格」を磨かねば人財を育成することも得ることもできない。リーダーは、自らのリーダーとしての資質を磨かねばならない。中国明代の思想家、呂新吾《りょしんご》がその著

書『呻吟語《しんぎんご》』の中で、リーダーの資質として「深沈厚重《しんちんこうじゅう》なるは、これ第一等の資質。磊落豪雄《らいらくごうゆう》なるは、これ第二等の資質。聡明才弁《そうめいさいべん》なるは、これ第三等の資質」と述べている。人の上に立つ者は、この三つの要素が重要で、序列をつけるならば第一が人格、第二に勇気、第三が能力である。頭が良くて才能があり弁舌がたつことは、第三番目の資質でしかないと言っている。

ところが現在、呂新吾が言う第三等の資質しか持っていない聡明才弁の人をリーダーとして登用する風潮がある。このようにリーダーの器足り得ない人物、才の他には内的な規範や倫理基準に乏しい人間的な厚みや深みに欠けた人物が、トップに就くことが社会の荒廃や企業の不祥事につながり、このようなリーダーのもとではとても人財は育たず、良い人財は得られない。

こう思う時、社長がまず「経営理念」を明確に掲げ、誠実に謙虚に、そして情熱と執念を持って必死に努力する「社長の正しい姿勢」が「人財育成の基本」になる。

二、育てられる人間に、部下をつける

過去を見てみると、数は少ないが本物の人間は上司が誰であっても、本物に仕上がってくる。しかし、大多数の人間は最初につく上司によって大きく影響され中途半端な人間に仕上がってしまう。結局は自分自身の問題で、上司が誰であろうが良い本を読み、良い話も聞き、良い友や良い師を見つけ、自分で律し考え判断していかねばならないのは当然であるが、育てる側も注意が必要である。

当社は今年も多くの有為な新人が入ってきた。かつては、各部署に平等に配属するような対応をとっていたが、新入社員のＩＱ、ＥＱ、研修期間の言動、個々の性格をでき得る限り詳細に検討すると共に、配属する部署の上司についても、業績、育成状況、ポジティブさ、思想、人格、相性等、育てられる幹部であるかどうかをアセスメントして配属した。その結果ある課長は、二人の新人部下を持つこととなった。

一人の部下は、一流大学に入ったが、怠惰な大学生活を送り、長年大学に在籍せざるを得なかった新人である。正直躊躇したが、背水の陣で人生を、仕事に賭けるとの本人の熱意を汲んで入社を許可した人間である。彼を育てられるのは、熱血漢で思想

も高く、人財育成の実績からも彼しかないとの観点から配属した。この課長は、早速始業二時間前に自ら出社し、その部下にもその時間に出社させ、専門分野の教育と共に彼にこびりついている怠惰な考え方、生活態度を変えようと必死である。時には自宅に連れていき、課長自らの手料理を食べさせながらテスト前の合宿訓練等、課長自身は他にも多くの重要なプロジェクト等を担ってくれる中で、まさに、骨の折れる仕事を引き受けてもらっている。本来入社前にとってくるべき日商簿記二級に合格する等、徐々に善導し、成長させてくれているのがよく解る。彼の成長を心から祈る熱意と共に、この課長もまた、彼の育成を通し一段と苦労しながら成長してくれているのが、何よりも嬉しい。

「人は、仕事を通して成長する」というのを心から実感する。

第二章　企業は人なり

成功者とは、行動を興す人のことである
――定期人事異動を練りながら思うこと

四月、十月は当社の定期人事異動の時期であり、何度も数人の最高幹部と共に協議し、いよいよ経営者として最終決定をしなければならない時となる。

連休を利用し、各々一人ひとりの顔を思い浮かべながら、トップダウンの方針・目標を受け、各部門経営者である幹部が、構成員である部下と共に何度も練り直してボトムアップし、再度私と打ち合わせて確定した経営計画書のこの一年の達成度合い（定量的成果）、幹部としての人間的成長度合い、部下育成度合い等の「経営能力」と共に「愛社精神」をアセスメントし、総合勘案して何度も何度も組織図を書き換える。

一、組織の目的……「経営理念」の実践

当社の定款第一条には、「当法人は、お客様の経営体質の強化と健全経営の実現のために、お客様に対し『ビジネス・サポート業』『情報発信基地』『社外重役』としての役割を果たし、お客様の事業の発展に寄与し、当法人の発展と全社員の物心両面の幸せを勝ち取り、もって国家・社会の発展に貢献することをＴＡＣＴグループの共通の使命とする」とある。

この経営理念の遂行のため、創業以来毎年経営計画書を作成し、ここに明記した目標達成のために人を配し、人を用いて夢をかなえる。組織の目的は「利益を出し会社を存続発展させ、お客様の負託に応え社員の生活を守ることにある」。従って会社の組織が「利益を上げることのできる仕掛け・仕組み・体制」になっているかどうかが極めて重要である。この目標達成のために組織がつくられ、年間、月間、週間、日々の行動予定が立てられ、各種研修が行われ、経営戦略会議、幹部会議、予実チェック会議をはじめ、朝晩の会議・レビュー等大変な時間、労力が使われる。

しかし、各部門の計画達成度合いには大きな差が生じる。

二、経営者の最大の仕事は意思決定である

目標達成できない管理者には、我慢に我慢を重ね、二年間会議のたびにまた個別に日報で、朝に夕に何度も呼び、その目標達成のための意義、具体的方策まで微に入り細に入り心を込めて話したが、ほとんど進まない。反面、目標達成のために創意工夫し目標を達成する者もいる。

この二年間祈りを込めて任せたが全く進まず、ある部門の成果進捗は同業にも大きく出遅れ差をつけられた。

経営者は「幹部としてのメンツを大事にしなければ」「人間的にはまじめで誠実で信頼できるから」などと決断をしなかったり、遅らせてはいけない。

経営資源として「人」「モノ」「金」「情報」「時間」等がある。この中で最も重要なものは「人」であり、目標達成の成否は、結局のところ人次第である。できない人にも何度も何度もやるがための指導を心を込めて行うが、一所懸命であればあるほどだんだんと言葉も強くなり互いに苦しく、関係も微妙にギクシャクしてくる。任せた数

年間の機会損失はことによっては取り返しのつかない遅れを生じ、会社を危機に陥れ他の社員をも巻き込んで不幸にする。

また、当該上司に与えた部下のなかで、本物は誰が上司でも伸びていくが大多数は上司を見て仕事を覚えるため伸びない。目標を深く本質的に捉え、創造力を発揮し創意工夫をする、部下を統括し時間軸でスピードを持って行動に移すような人財を配すれば課題は解決してしまう。

組織の運営上、最も重要なことはそれぞれの組織の長が職務遂行能力と共に、人間として尊敬され信頼され、皆のために自分の力を発揮しようとする真に力のある人が就いているかである。このような人間を育てまたは採用し、揃えた会社が成長し勝ち残っていく。

一つの判断をすると喜ぶ人もあれば悲しむ人もいる。経営者はこのような状況の中で、会社の最高責任者として、「個人的感情とは別に、一部の中傷批判を恐れず適切な正しい判断を行わなければならない」。そうでないと皆を不幸にしてしまう。

経営者は本当に孤独である。どんな状況でも座標軸をしっかり確立し「無の境地」

で正しい決断ができる自分をつくるために日頃から精一杯勉強し、自らを磨き鍛え続けなければならない。

三、適材適所の人事

企業にはいろいろな人がいる。人には得意不得意がある。コミュニケーション能力があり人情の機微に敏で人の心の中に入れる人。逆に人と人との接触は不得意でお客様と度々問題は起こすが、専門的知識は社内随一で安心できる者がいる。我々は勢い、業務処理能力と共にお客様との折衝能力も期待し、ついイライラしてしまうこともある。こんな時、京セラ㈱の稲盛名誉会長の言われる劇団にたとえた話はとても参考になる。

「主役を演ずる人、脇役を演ずる人、黒子を務める人、大道具、小道具、メイク、衣装を担当する人、さらにはスタッフの世話をする人まで、劇団には幅広い構成員が必要となる。同様に、会社も社会も同じような均質の人間ばかりが集まっていたのでは成立しない。多様な役割が必要となるのである」と述べておられる。

企業にはその人の能力・性格によって総合職や専門職の人も出てくる。要はそれぞれ、自分の適性に応じて役割を分担し、会社の目標達成のために各々の才能を私物化せず、互いに他の仲間のために使うことが神の意思に添うものである。まさに適材適所の人事の必要性を教えていただいている。

四、成功者とは、行動を興す人のことである

このように勉強したこと、教えていただいたこと、気づいたことでも行動に移さねば何も変わらない。現在の会社の位置は、過去、経営者が判断し、行動してきた集積の結果である。こう考える時、「成功者とは行動を興す人のことである」ということを確信する。

「躾《しつけ》」と企業経営

——企業格差・業績格差は人の質の差が原因

私は十二年間の会社員生活を送り、その後起業し四十年間十二の会社団体の経営を行い、通算五十二年間のビジネス人生を送ってきた。

また、この間に七百社を超える企業の顧問をさせていただき、「躾《しつけ》」の行き届いている会社とそうでない会社とでは、業績に大きな相関関係があることを確信するに至った。大企業と中小企業、優良企業と赤字企業、また企業の成長過程の中で業績が伸びている時期とそうでない時期を見てみると、その大きな原因は人材の格差といっても過言ではない。**「躾」が付加価値を産み出す時代となった**ことにも留意してほしい。

一、口うるさい厳しい上司が、できる社員をつくる

会社という組織は、日々生死をかけた戦いを強いられている。ビジネス社会は一面から見れば、企業もまた個人も優勝劣敗の世界であり、強い者が勝ち弱い者が敗れる。強くなければ存続することは不可能な社会である。

では勝つために何が必要か。まずは上司が経営者的発想を強く持ち続けないと、でなければ部下を強い社員に育てることも強い会社をつくることもできない。

私事で恐縮だが会社員時代、創業社長の身近で厳しい生きざまを見ながら仕事をさせていただいた。また配属された部署の課長が高校の先輩で、仕事のできる優秀な鬼上司であった。

私の母校は礼儀礼節・規律に大変厳しい高校で、私はその中でも更に厳しい応援団に所属し厳しさを身につけていた。高校を出た後、それまでの生活に比べ自由度は高く、多少のお金も自由になりいろいろな誘惑もあった。つい安易な目先の享楽に流されそうな、怠惰な自分に気づいた。

幸い私自身ビジネスマンになると同時に、膨大なビジネス書と自己啓発の本を読み、

厳しく自分を律することや、一所懸命努力すること、礼儀礼節や報告・連絡・相談等のビジネスの基本を身につけることや、厳しい道を選び挑戦していくことが自分の幸せにつながることを知っていた。

私は鬼上司に師事し、公私共に目標にしようと勝手に決めた。安易に流されそうになる自分を律しようと、仕事中はもちろん、昼食時や休憩時、終業後、また休日に、話し方も字も、仕事の進め方も、出勤時間や退社時間、その他極力時間の許す限り、この先輩である上司の生きざまの一挙手一投足を真似ようと近くで過ごすと決めて実行した。

正直、その上司の近くにいることは、口うるさく堅苦しく、他の上司や同僚といるような面白おかしさはなく辛かった。しかしこの先輩の良い癖が徐々に身についていくのが実感できた。このことは私の人生にとって大きくプラスに作用した。人生は、まさに出逢いだと思う。そして自分の心がけ次第だと思う。

二、強い組織をつくるために、秩序と規律を叩き込む

社員が規律を守らねば組織は成り立たないし、規律こそ原点となる。このような基本的なことをキチンとしなくては戦いに勝つことはできない。

甘い上司はこの指導ができない。現代の学校教育は、生徒と先生が友達のような対等の関係で、生徒が先生を殴っても生徒はクビにならない。逆に悪いことをした生徒を先生が殴ると、先生はクビになる。また家庭でも父権はなくなり、怖いもの知らずで甘やかされて育った子供達が会社に入ってくる。上司も誤った民主主義の持ち主だから、部下の礼儀知らずやわがままをおかしいと感じない。

礼儀の基本は上下関係のけじめ、すなわち秩序である。規律は集団の統一、すなわち掟である。秩序を重んじ従わせることは何も会社だけではなく、健全な社会を維持するために大人が次代を担う若者に教育すべき義務である。

礼儀とは、親や教師や上司など目上の人に対する恭順の意識の表現である。

規律を守るとは会社や国などの組織に対して、忠誠を示す意識の表れである。

多くの会社で社員に欠けているのは、上司に対する恭順の意識、組織に対する忠誠

の意識である。会社が人を育て、社員の意識を変えて一人前のあるべき姿の人間にするために、上下のけじめを叩き込み、組織のルールを守らせ秩序と規律を教える。礼儀を守り掟に従わせ、嫌われるのを覚悟でうるさく厳しく指導する必要がある。正当な「基本動作」「躾」の強制が受容される組織、秩序と規律を維持するために、上司が部下の誤った行為を規制し正させることが重要である。

管理教育を嫌う、誤った民主主義の学校と同じように会社が管理をやめたら組織が機能しなくなり、生産性は低下すると共に、ビックリするほど速い速度で組織が衰弱する。部長・課長を管理職と呼ぶのは、管理という任務を任されているからである。管理は必要な時に、一方的な強制があって成立する。これがあって組織の秩序と規律の維持が保てる。本人の意思とは別に「良い」「悪い」をハッキリさせる必要がある。これができていない、管理者と呼べない管理職が多い。ひどいのは誤った考えに安易に迎合するような者もおり、経営者的発想が持てない管理者は、部下を育てられず、会社の足を引っ張る管理者となる。

鬼軍曹の存在が、企業の盛衰を左右する

――鬼軍曹ができれば経営改善は進む

何をやるにしても、仕事の前に人間としての基本、組織人としての基本ができていなければ折角の能力、技術、業績が正しく評価されず、大切な人生を中途半端に終えてしまう。

しかしこれを他責にしていてはいけない。現在の自分の位置はすべて自分の責任である。今まで次々と自分に降りかかってきた色々な出来事、その一つひとつに如何に対応して来ただろうか？

「好き」か「嫌い」か。「得」か「損」か。「やりたい」か「やりたくない」か。「楽」か「苦しい」か。本能のままに、「好きなこと」「得なこと」「やりたいこと」「安易な楽なこと」を選択してきたのではないだろうか？　物事にぶつかった時、逃

げてはいなかっただろうか?

人生で成功するためには、このような時「正しい判断」をしなければならない。「どうあるべきか」「正しいのはどちらか」「人間としてあるべき姿は」と考え、「誤りなき判断」をすべきである。

しかし、世の中の大多数の人は目先の欲に目が眩《くら》み、また辛さから逃れるために安易な道を選び、ネガティブな「考え方」がクセとして身につき自分の人生を象《かたど》っていく。**「今までの人生で私は、ネガティブで成功した人を見たことがない」**

一、大善は非情に似たり。小善は大悪に似たり

前項で私は、会社員時代に自分が師事した鬼上司について語った。その当時私は、多少仕事ができた。そうすると、調子に乗った生意気な言動をすることや、多少の失敗が稀にはあった。こんな時他の上司は、私に遠慮し甘い言葉をかけてくれた。しかしこの鬼上司は私を許さなかった。関連会社で総務・経理の責任者として私の能力を超える仕事と対峙し、自律神経失調症から心身に変調をきたしていた時ですら、コー

ナーへ私を追い込んで逃げることを許さず、あるべき姿で対処することを教えてくださった。

人と人との出逢いによって運命は決まる。もしこの鬼上司と出逢っていなかったら、出逢っていても私がこの先輩から教わったことを聞かなければ、敬遠し逃げていたら自分の人生はまるで違ったものになっていただろう。我々は愛情を持って人に接していかねばならない。しかし、その愛情は溺愛であってはならない。親も、職場の上司もさまざまな人がいる。かわいいからと甘やかす優しい人もいる。逆に厳しく教育し、「躾」ていく人もいる。

信念もなく、相手にイヤなことを言わず迎合しているだけの人は、楽ではあるが決して自分のためにはならず相手をダメにしていくことを知らなければいけない。長い目で見れば、厳しい親や上司の方が子や部下は鍛えられ、はるかに伸びていき、幸せな人生を送ることは論を俟たない。

「大善は非情に似たり。小善は大悪に似たり」というが、結局は自分自身が、自分にとって本当に良いことなのかどうか、真の愛情とは何なのかに気付かなければならない。

二、会社が、今や家庭教育と学校教育を叩き直す最後の砦となる

誤った民主主義で教育され、成育過程でも怖いもの知らずで甘やかされて育ってきた子供達が会社に入ってくる。この部下に対し、上司はしっかりとした基本教育を行う必要がある。基本教育とは家庭教育、そして学校教育の再教育である。つまり上司は自分の部下に対して、子供に対する父親、生徒に対する先生の役割を果たさなければならない。

これは上司にとって目先の仕事より本当に厄介で難しく、骨の折れる辛い、根気のいる仕事ではあるが、最も重要な仕事の一つであることを心に強く留めてほしい。これを疎かにすると会社の業績は上がらず、どこにでもある弱小企業となり、時の流れの中で消え去る運命となる。

しかし、何よりもこの部下が、仕事のできない使いものにならない人間となってしまうことを自覚してほしい。当社の社員やお客様のご指導をいただいている㈱アイ

ウィルの主宰、染谷和巳先生には「部下指導の基本教育」として次の七点の徹底を教えていただいている。

①「挨拶」
②正しい「返事」
③「姿勢と歩き方」
④「謝る、感謝する」
⑤「解らないことをきくこと」
⑥「マイナス思考の削除」
⑦「報告・連絡・相談」の徹底

優良企業は百％厳しい幹部が存在している。著名な経営コンサルティング会社、㈱タナベ経営や㈱船井総合研究所でも**企業の経営改善の成否は、鬼軍曹ができるかどうかであると**教えている。これができれば経営改善はできたも同然であるといわれる。この原点は「躾」の徹底であり、まずは上司である幹部と部下の縦の関係にけじめをつけることが大切で、上司への言葉遣いや気配りまで、社内の「躾」がそのままお客様への対応となって実践され、お客様が感動する気配りとなる。

厳しい企業風土で育ち、厳しい上司や先輩に直接指導を受けた人間が優秀な人材となり、優良企業、ひいては地域・日本をつくり社会に貢献していく素晴らしい「人財」となる。

鬼軍曹に育ったＮｏ．２、私の「同志」（片腕）との別れ

――腹心の部下の有無が、会社の成長発展を左右する

高井法博会計事務所　監査統括部長
故　武藤貞明君を偲んで

現在、県下最大であり、また中部地域でも有数の会計事務所になれたのは、創業以来私と一体となって夢を共有し、次々と振りかかる問題や試練に対し、背中と背中を合わせ四方の敵と戦ってくれた、まさに「人生の同志」の存在がなくては、今のＴＡＣＴグループは存在し得なかった。

企業が存続発展していくためには、Ｎｏ．２の存在は不可欠である。経営者は自分の生涯をかけて優秀な腹心の部下を見出して育てねば、成長拡大の夢の実現に支障をきたす。

ここに、私の腹心の部下であった武藤貞明君への弔辞全文を掲載し、経営者とNo.2との関係について参考にしていただければと思う。

私のまさに三十年来の付き合いで、鬼軍曹に育ったNo.2・人生の同志武藤部長が不慮の事故により、忽然と私共の前より姿を消しました。まさに痛恨の極みで、今は悲しみで一杯でまだ心の整理ができない状況であります。

告別式当日の私の弔辞を掲載させていただき、彼の追悼の辞にかえさせていただきたいと思います。

――弔辞全文――

謹んでここに、高井法博会計事務所および株式会社TACT経済研究所ほかTACTグループ関連十社の取締役監査統括部長・武藤貞明君のご霊前にお別れの言葉を申し上げます。

誠に残念です。

平成十年三月十五日早朝、奥様より電話にて、午前四時、交通事故による、あなたの訃報に接し、余りにも突然で、思いもよらぬ悲しい知らせを受けた瞬間、私は全身の力が抜けていくような絶望感に襲われました。

昨日、私の弟の長女の結婚式に祝電を打ってくれました。また、昨日は、昼一緒に奥様手製の昼食を食べましたね。

その時、確定申告もメドがついたと、いつになくほっとした顔でデザートのみかんを褒めた私に半分くれましたね。

その後、私は事務所を出発し結婚式に出て、翌日十一時に事務所で個人決算の最終チェックのために逢う約束でしたね。

結婚式の後片付け終了後の電話では、確定申告もメドが立ち、三月十四日の夕方はいつもよりは早く友人と会うためにとても楽しそうに話し、皆にも早く帰るように声をかけ帰られたと報告を受け、私もほっとしていたところでした。

思えば君と知り合ったのは、私と君が以前勤務しておりました、株式会社後藤孵卵場、株式会社美濃かしわ時代からであります。

後輩で今は当事務所のお客様になっていただいている、Z社の渡辺社長の結婚式で私が司会をし、君が友人代表として出席してくれた時から、時々話すようになり、株式会社後藤孵卵場で鶏の雌雄鑑別師を目指していた君が、友人の事業を手伝っていて指を落として悩んでいた時に、思い切って経理業務をやってみないかと声をかけたのが始まりでした。

君が、「農業高校出身で簿記やソロバンは解らない、それでできるのですか」と言った時、「やればできる、これからは電卓もある」と言ったところ、電卓をいち早く購入して、我々のソロバン以上の速度で打つようになり、また、簿記についても独学で必死に勉強し検定試験に受かるまでになってくれました。

その後、株式会社美濃かしわで私の下で経理業務に従事してくれました。

そして、私が昭和五十三年三月、高井法博会計事務所を女房と共に創業した一年半後の昭和五十五年一月より当事務所に入所して、現在までサラリーマン時代から通算すれば、まさに三十年近いお付き合いになります。

高井法博会計事務所入所後は、まさに粉骨砕身、私のために事務所のために、そしてお客様のため、昼夜を、祝祭日をいとわず、私と一心同体となって大活躍をしてくれました。

事務所も貴方をはじめ皆の努力によって、税務署にいたこともなく、会計事務所経験もない我々が、ぐいぐいと大きくなり、三輪の私の自宅での開業、増築、そして岩崎への移転、そして現在の打越への新築移転、増築を経て、現在では高井法博会計事務所を中心とする、関連会社、団体、十二社をかかえる県下ナンバーワンの会計事務所に成長させてくれました。

その度に、貴方は私と一体になってとても喜び、事務所の移転や新築したり、増改築するたびに、お祝いと言って電気掃除機を買い、奥さんと一緒に掃除をしてくれたり、パーティーでは、やはり奥さんも来ていただき、奥さんに裏方を手伝っていただきましたね。

また、ほとんど家庭サービスをすることのない私に対し、女房、子供、母親までを呼んでくれて、美濃橋の下の河原で泳ぎ、スイカ割りをして奥さんの手料理やバーベキューをやってくれましたね。

貴方が入所してくれた当初は、人数も少なく家族を交えて、忘年会や新年会、研修旅行もしましたね。

今は懐かしい思い出です。

お互いが家を造り、子供の入学、卒業、そのたびに、とても喜び合った仲でしたね。虫の知らせか偶然にも昨日は、東京に行っている私の長女も帰り、この報に接し、全員で号泣いたしました。

事業を拡張していくなかで、いろいろなことがありました。中傷、裏切られること、社員とのあつれき、悔しいこと、怒り、歯ぎしりして、もがき、苦しみ、一人泣きしている時、そんな時、君はいつも私のそば近くにいてくれました。

私が何を思い、考えているか君はすべて十二分に解ってくれておりました。

私が行くところ、前を掃き清め、私の歩いた後、こぼした後を拾って歩いてくれておりました。

私を精一杯守ってくれました。

私が大変苦しみ、困難にブチ当たった時、貴方が色紙に書いて私に渡してくれた言葉は、「恨みは水に流し、恩は石に刻む」「恨みは水に流し、恩は石に刻む」でしたね。

君はいつも「私は先生に助けられた。どんなことがあっても何があっても私は先生についていく」と、内外に発言し、まさにその通りについてきてくれましたね。

君は決して裏切らない。遅くなっても自分が苦しくても、私の体のことを思い気遣ってくれた。

朝もほとんど一番に出社し、私の部屋のカーテンを開け、暖房を入れておいてくれたね。

また、年に二回のＴＡＣＴ経営計画実施作成セミナーでは、伊良湖と高山で行われる四泊五日間私の補佐をし、経営者の方々と夜を徹して熱のこもったお手伝いを初回よりずっとしてくれたね。

君は、とても仕事ができた。評論家ではなく具体的に仕事を詰めることができた。

私のことを思い、会社のことを思い、お客様のことを思うが故に、部下やお客様にも厳しいことを言ってくれました。

時には誤解を受けることがあったかもしれません。

だけど我々は、誰もが皆、解っております。

君がどれほどまでに、私や会社、お客様のことを思っていたのかを。

君とは三十年の付き合いです。

私の片腕というより、まさに両腕であります。掛け替えのない人です。

私の、まさに人生の同志です。

創業以来二人であらゆる困難を乗り切ってきた仲です。

しかし、しかし、……バカヤロー‼　武藤部長。

なぜ年上の俺をおいて俺より先に逝く。できるなら俺が代わってやりたかった。君にもっと、もっと助けてもらいたかった。

武藤君、君は享年いまだ五十、余りにも若すぎる。

長年連れ添ってこられた貴方が愛した奥様、そしてとっても可愛いおしゃまな長女の寿子ちゃん、長男の将宏君、次男の功樹君。そして、ここまで育ててこられたお父さん、お母さんの心中、ご親族の皆様の感慨は余りあるものがあると思う。

まさに無念、残念至極だったろうと思う。心残りだったろうと思う。

かかる上は、この三人のお子さんについては、私が生ある限り許していただき、父親がわりとして、奥様と力を合わせ教育、就職、結婚等、できる限り精一杯お世話させていただくことをお約束します。

せめて、せめてもの今私が君にしてやることができる仁義であり、恩返しの万分の一部です。

今は悲しみで一杯です。

今、私はどうしてよいのか解らない。

しかしながら、貴方が育ててくれた幹部と多くの社員の人々の中に、貴方の遺志は十分すぎるほど伝わっております。

ご家族、社員、お客様、友人、その他多くの人々の心の中に生き続けております。

貴方がこよなく誇りに感じ、育ててくれた高井法博会計事務所およびＴＡＣＴグループのみんなで一致団結し、全社員で総力を結集して素晴らしい高井法博会計事務所、そしてTACTグループをつくり貴方の恩に報いたいと思う。

どうか大事な大事なご家族、そして我々を天から見守っていてほしいと思う。

貴方は忽然《こつぜん》として独りで逝ってしまったが、私の心の中には終生、貴方は生き続ける。

奇しくも今日は、今年の確定申告の最終提出日です。貴方が監査統括部長として取り仕切ってくれた今年の確定申告は、今日、先ほど無事に皆の努力で提出をしました。どうかご安心ください。

言い出したらきりがない、走馬灯のように思いは駆け巡り、あれも言いたい、これも言いたいと思う。私の心と頭は、張りさけんばかりで、別れたくなんかありません。

しかし、非情です。時間が来ました。

たった一度しかない人生の中で、武藤部長と知り合えたのは望外の幸せであり、私の誇りでもありました。

男と男の友情を持ち合えた私は、本当に果報者でした。

本当にありがとうございました。

お別れの最後に心から武藤部長のご冥福をお祈りし、これをもって最後のお別れの言葉といたします。

さようなら。さようなら。武藤部長！

合掌

平成十年三月十六日

高井法博会計事務所

所長　髙井　法博

＊平成十年三月十六日、告別式式場にてテープ収録し、転書したものです。

一人の百歩より百人の一歩
――衆力の結集が会社成長の要諦

メモ魔に徹する

私はメモ魔である。自宅のリビングと風呂場、トイレや枕元等あらゆるところにメモ用紙とペンが置いてある。夜遅く帰るとまず、当日自宅に届いた郵便物を見る。返事の必要なものは即座に書き、電話が必要なものは即電話する。しかし大体は、夜も十二時近くなっているので、メモ用紙にかける先と電話番号、内容や要点を箇条書きにする。

この間に、子供か女房が準備してくれた遅い夕食をとりながら缶ビールを片手に夕刊に赤のマーカーペンを走らせる。正直、私の一日のうちで一番ホッとする時間である。本来、遅い夕食は医学上タブーと言われるが、朝は時間に追われ軽食で、昼はダイエット食だ。そのうえ夜も軽いものを食べていては生きている楽しみがないと思い、質・量共にしっかりとる。

食事をしながら、昼間やり残した仕事や見られなかった書類、日報に目を通しながら、新たに思いつきひらめくこと、気になり翌日指示すべきこと等を順にメモしていく。この一連の流れが終わる頃には、時計はとっくに新しい日に入っている。

寝入る前の少しの時間、枕元に置いてある数冊の本に目を通していると数分で寝入ってしまう。睡眠中、突然目を覚ますことも時々ある。今までに解決できなかった難問のヒントが思いつく。眠くて仕方がないが、そのまま眠ると忘れてしまいそうなのですぐ枕元のメモ用紙に記入する。その後、そのまま眠れる時と目が冴えてしまい、翌朝まで眠れない時がある。

普段、全力で生きているから寝床に入るとすぐ眠ってしまうが、小心者の私は気になることがあると朝方三時、四時まで眠れず、これでは翌日の仕事に影響すると思い、まれに睡眠薬を飲むこともある。

大体、朝は六時前後に起床し、まず朝刊と赤のマーカーペンを持ち、トイレに入る。次に日経を持ち、風呂に入る。ここにも各々メモ用紙がある。このうち最初に書く一枚には、日付と共に「一日一生」「一期一会」と記入し、今日も全力で誤りなき一日にしようと決意し、前日帰宅以降、何枚か記入したメモ用紙をクリップで下に綴る。次いで朝食をとりながら続きの新聞に目を通す。その後、昨晩来処理した書類を二つの鞄に入れ、メモを助手席に置き車で出勤する。車に乗ると同時にメモ用紙を見ながら電話を数本かけるうちに事務所に着く。

一、弱者の戦略　他より一歩先んじるために!!

以上は私が創業以来、会社を退出してから翌朝出社までの毎日のライフサイクルである。いや、創業以前の会社員時代からの行動パターンでもあった。能力も金も地盤も人脈も他の人に比べ、秀でるものが何もない私が他人より一歩上に出るためには、睡眠、食事、入浴、トイレ以外の時間は休みなく働くこと以外に勝ち目はなかった。まさに寝食を忘れて人の倍は働く。

不器用な私には、家庭と仕事の両立は無理だった。それでもまだ時間が足りなかった。私のこの考え方の基礎は、小さい頃から親しんだ本と、多くのポジティブな人との出逢いによって学び、それを実践に移したことによって体得した。「先憂後楽《せんゆうこうらく》」、これは仕事にも人生にも当てはまる。自分がした苦労や努力以上のものを手に入れることはできない。人生は一度っきりのものである。よって苦労はできる限り若いうちにすべきで、やがてその苦労は報われ、大きな成果・楽しみを得ることができると確信した。

また私の生家はお寺で、何人もの和尚さんから言われた、人間正しいことを前提に一所懸命働き努力すれば報われないわけがないという「因果応報」の教えも、知らず知らずに体に染み付いていた。

このような私の「生き方」に共鳴してついて来てくれた社員や家族の頑張りとお客様の支援によって、至らないところばかりではあるが、何とか県下では知られる事務所になってきた。

二、一人の百歩より百人の一歩

かつて二十代前半の頃、私は自分の能力の限界を超える仕事に逃げないで対峙し、自律神経に異常を来し、不眠症、過呼吸、胃や心臓の不調に陥っていた頃、私は三十歳、多く見ても四十歳までは生きられないだろうと、日頃の苦しさの中でぼんやりと考えていた。当時の日記に「太く短く」とよく書いていた。長くだらだらと生きるより、自分の命を燃やし尽くして前向きに生きようと覚悟し、一日四～五時間の睡眠で人から見れば命を削っているのかと思われるくらい、勉強し働いた。

しかし気付いてみると、私もいつの間にか七十歳になり、昔ならとっくに定年の年を超えている。企業も創業時や新規部門の立ち上げ時には、一人の気違いのようなリーダーのもとに共鳴する数人の同志の人並みはずれた努力によって、同業より一歩頭を出し、生き残る。そのためには不可欠な道程ではある。ある程度の規模になってくると、次の段階への変革が必要となる。一人の社員の百歩に頼るのではなく、百人の社員が一歩ずつ歩むという地道な前進に変え、更にいかにして定着、継続させていくかである。

「一人の百歩より百人の一歩」。この言葉は、今をときめく超優良企業をつくられた日本電産㈱の永守重信社長より教えていただいた。もちろん、成功するための基本的な生き方としては、一人で百歩進もうと一所懸命努力する姿勢は不可欠だが、私をはじめ幹部自身の最も重要な仕事は、部下の育成を強く意識し**「一人の百歩より、思想・考え方を共有する百人の一歩の方がはるかに会社を強くし、企業の永続性を保証する」**ことを強く自覚することだ。そして、この活動を具現化できる幹部の中から真の幹部後継者が育ってくると確信するこの頃である。

第三章

時流を読み、打つ手を見出す

この第三章については、サブプライム問題、リーマンショックなどの大きな経済の激変期の最中に、また、研修旅行後「一期一会」の巻頭言に掲載したものである。したがって、その時その時の時代にはマッチしていたが、現在の状況とは多少のずれを感じるものがある。

時間の許す限り、加除補筆をしたが時間的制約によりいまひとつ補正ができていないものもある。

それについては、ドイツの鉄血宰相　ビスマルクが「賢者は歴史から学ぶ」と言ったが、当時の状況と現在の状況を対比させることにより、今後も次々と起こるであろう経済の激変期への参考にしていただけたら幸いである。

攻撃こそ最大の防御・不況克服の要諦
——企業は環境適応業である

今から八年前のリーマンショック時、経済の激変は非常に大きなものがあった。中には売上高が六割も七割も激減し、一気に大赤字に転落した企業が続出した。特に、内部留保の乏しい中小企業においては一気に資金繰が悪化し、企業存亡の危機に陥る異常事態となった。

我々は、お客様に対し緊急特別講演の開催と同時に、「この未曾有の大不況に対し、どう対応すべきか」と題して機関誌などで幾度となく発信した。その一部を掲載する。

百年に一度の大不況到来

アメリカのサブプライムローン（低所得者向け住宅ローン）に端を発した金融不安は原油、穀物、原材料の高騰へと発展し、欧米諸国の景気が低迷、更には平成二十年九月十五日に米大手リーマン・ブラザーズが突然、経営破綻した。以後世界中で株価は暴落、円は暴騰した。

まさに世界的大不況である。内外のほとんどの経済指標が、平成二十年十月以降ほぼ垂直型に落下している。過去十数年にわたるバブル不況から、人・設備・負債の三つの過剰を克服し、今回のサブプライムの影響は少ないとの見方が当初多かった。しかし、結局日本経済の落ち込みは平成二十年十〜十二月のＧＤＰ（国内総生産）年率ベースで▲十二・一％、平成二十一年一〜三月期も二桁のマイナスが予測されるが如く欧米以上の厳しさとなっている。

一方、アメリカの基幹産業である自動車メーカーのビッグ３（ＧＭ・フォード・クライスラー）が倒産の危機に直面し、日本においても大手製造業の海外売上比率が四十三％というようにグローバル化した産業構造であったが、直前期最高益を挙げたトヨタが、十一月以降、一ヶ月ほどの間に二度の業績下方修正を行い、何と連結営業利益千五百億円のマイナスとなり、単体でも営業利益前年比▲七十三％と発表した。パナソニックに至っては、▲八十九％の減益見通しを発表した。その他にも日産、ホンダ、キヤノン、ソニー等今までの超優良企業が、次々と減収減益、中には赤字見通しと共に非正規社員の契約打ち切りからついには正社員のリストラ、新卒内定者の取り消しまで相次いで発表し、失業率は上がり、有効求人倍率は大きく低下する状況となった。

無責任な政治家や新聞や雑誌、テレビの論調では、このような企業経営者を非難するが、どの経営者もこんなことはしたくない。しかし、これをしないと会社が立ち行かなくなり、さらに多くの社員を路頭に迷わすこととなる。アメリカのＧＭやクライスラーのような状況にしてよいのか？　出血は一気に止めねばならない。ここらを逡巡《しゅんじゅん》して一日延ばしにしていてはいけない。改革は一気呵成にやらねば意味がなく、取り返しのつかない状況にしてしまう。

私自身、サラリーマン生活十二年と創業して四十年。計五十二年のビジネス人生においても、この時の不況は今までとは違うと感じた。かつてのオイルショックやバブルの崩壊より、はるかにこの不況の方が大きいと思った。この金融危機は、まさにアメリカのＦＲＢ（連邦準備理事会）前議長グリーンスパン氏が「百年に一度の津波危機が来ている」と言うが如く、世界に猛威を振るい、未曾有の大不況に突入した。

今変わらないと会社は潰れる

まずは不況の原因をしっかりつかむ必要がある。私は「三つの収縮」を原因として挙げてみたい。

第一は、平成二十年春ごろからのサブプライム問題で、アメリカの投資銀行が傾き、全世界から資金を引き上げ、全世界が貧血症状に陥った「金融収縮」である。

第二は、同年夏ごろから明確になった「経済（事業）収縮」。投機資金が枯渇し商品価格が暴落、あらゆる企業が投資を縮少・中止し、建設や機械の需要が激減、雇用も減退した。日本の場合、過度な外需依存のツケと円高が加わり、自動車や電気などの輸出企業は赤字に転落、生産活動は急速に収縮した。

第三は、さらに決定的に景気を悪くした「マインド収縮」だ。

住宅や自動車から衣類・食品まで、今まで格好よさや必要以上の贅沢を求めていたものが、突然無駄と考えられるようになった。米国では住宅着工件数や新車販売台数が半世紀前の水準に戻ってしまった。日本でもこの二点については四割くらい減っている。多少リバウンドはあっても当分の間、少子高齢化と相まって需要の総量は減ると見て、覚悟した経営をすべきである。

日々お客様の決算書を拝見する中で、平成二十一年に入り製造業を中心につるべ落としのような状況で売上高の大幅な減少による減益は急速に進んでおり、いても立ってもおられない気がする。今、何かの行動を起こさないと、会社は潰れると強く思う。今こそ、ＴＡＣＴグループが総力を挙げてお客様のバックアップを行うべき時と強く意識している。何なりとご相談を早目早目にいただきたいと思う。

さて、我々はこの危機にどう対応したらよいのか？

一、不況克服の要諦…大原則

まずは社長が性根をしっかりと据えることである。社長は会社の最高責任者である。

その社長がうろたえていては話にならない。「なんとしてもこの難局を突破するのだ」という強い執念と烈々たる気迫、勇気が不可欠である。経営者も人間であり心は千々に乱れ、その不安や責任の重圧は痛いほど解る。

しかし決して逃げてはいけない。不況の責任を「他責」にしない。社長が精一杯今までの経験といろいろ学んだことを基に脳味噌が千切れるくらい考え、具体策を考え出す。全身全霊を打ち込んで、会社の存続、お客様への奉仕、社員の生活を守るために仕事に命をかける。不況期こそ真の経営者の実力・生きざまが発揮される時である。

二、不況の今こそ変革のチャンスと捉える

松下幸之助氏は「好景気よし、不景気さらによし」と言われたという。好況期には、今までのやり方を見直せと言ってもなかなかできない。赤字というのは今までのやり方では利益が出ないということである。非常時とも言える不況期は、過去の慣習・慣行・常識等の「商売のやり方」を徹底的に見直し、会社のリデザインを行う。「売るもの」も新製品・新商品・新サービスの開発に注力し、お客様や社会の求めているも

のに選別するなど、あらゆる面で創意工夫を重ねることである。

三、不況時こそ理念を共有し、力強い結束を図る

不況期こそ全社員がフィロソフィをもとに衆力を結集させなければならない時である。

まず第一に理念・志を共有しベクトルを合わせ、全社員がミニ経営者となって危機感を共有する。経営者と苦楽を共にし、まさに共同経営者として責任と重い荷を一緒に背負う同志となるべきである。この時ほど、本当に苦楽を共にする同志であるかどうかがよく解り、リトマス試験紙ともなる。

しかし、多くはこのような時期に企業内に不平不満が出て団結力が崩れ、会社が疲弊し、中から崩れていく。会社は不況で潰れるのではなく社内から崩れる。このような時ほど心を一つにして背中と背中を合わせ、一心同体となって外部の敵と戦わねばならない。このような一体感は、社長の凄まじい執念と正しい生き方・考え方・姿勢によってこそ生まれるものである。

平時から正社員はもとよりパート、アルバイトまで、会社の理念の徹底をするために日常的に職場の内外で、またコンパ会などを通じ、正しい社会人としての考え方を養っていく必要がある。同時に不況は職場の人間関係を見直し、それを再構築するための絶好の機会であるととらえ、更に素晴らしい職場風土をつくり、打てば響く、衆力が結集できる組織づくりを進めよう。

四、攻撃こそ最大の防御

利益を上げる方法はいろいろある。損益計算書は、上から順に売上高から売上原価を引いて売上総利益が出され、そこから固定費を引いて当期利益が算出される。利益を出すためには固定費の削減や粗利益率のアップも重要だが、まずは一番上に表示されている売上高を増やさねば何ともならない。そのためには時の流れや市場をしっかり見て、脳味噌が千切れるくらい精一杯考え、選択と集中を行い、拡大発展する方策を見つけ出し、ターゲットを明確にした戦略戦術を確立する。

次に販売計画を商品別・お客様別・部門別・担当者別というように立て、あとはそれを実行に移す。

中小零細企業は大企業とは違い、市場占有率もほとんどない。売り上げが上がらないのを不況のせいにせず、この時ほど凄まじい闘争心、粘りに粘り人から見たら異常と思われるくらいの闘魂を燃やし、ネバーギブアップの精神で、少なくとも平時の、そして同業者の二倍三倍の営業努力をする必要がある。

五、営業に全力を尽くす…売り上げ（粗利）を最大に!!

赤字とは売上高より経費が多いことをいう。利益を出す第一のポイントは売上高（粗利額）を増やすことである。そのためには、提案営業、営業マンの増員・教育、お客様の数を増やす、売る商品のアイテムを増やす・変える等々、営業のやり方を徹底して研究し、あとはいつもの二倍三倍の営業努力を行うことである。また管理・製造部門、パート、アルバイトまでを含めた全社員営業体制を確立する。

六、あらゆる経費の削減を図る

利益を出すためには経費（冗費）の徹底的削減も重要である。製造原価・販売費について一つひとつ見直す。逆に利益を増やすような経費は増やす。このように不況期に原価を下げ、安い値段、また売れなくても利益の出るような筋肉質で締まった体質にしておけば、景気回復時には一気に大幅な利益が出始めることになる。そのために月次決算は最低でも行う。できたら日時決算から予実チェック、先行管理まで行うシステムの構築を図ると共に、経営者は会計の勉強もする。会計は会社の羅針盤であり、正しい数字はすべてを語る。業績不振企業の経営者は数字に弱い。

七、チェックと徹底

「物事の成就は『チェック』と『徹底』にある」。会社をよくするために、多くの会社はいろいろなことを勉強し、話し合い決断する。しかし大変な労力、時間、費用をかけて決めたことを、トコトン本当に突き詰めて徹底、実行している企業はどれだけあるだろうか？

大多数はこうした「チェック」と「徹底」がされておらず、当然に成果は出ない。㈱タナベ経営の経営コンサルタントから一代で超優良企業をつくられた経営者の話を聞いた。そのコツは「徹底を徹底する」ということだ。その一例として「どの部門、どの社員も決して赤字にしない」、そのために社員一人ひとりに対し、名札の色分けを行い「青色＝黒字社員」「黄色＝ギリギリ社員」「赤色＝赤字社員」とすべてを明確にし、衆人環視の中に置くことで常に業績を意識させるようにしているとのことであった。ことの良し悪しは別にして、皆でいかに全部門、全社を黒字にするのかを常に懸命に考え実行に移し、徹底しているからこそ同社が高収益企業になっていると実感できた。企業の業績を向上させるために責任を明確にしたのだ。

複数の意思決定者が方針に基づき、方策を考え、衆知を結集しながら実行に移し、定量的成果を挙げることが重要である。不況の時につける特効薬はない。本当は好況の時から不況に備え、資金を貯え、余裕のある経営ができていれば、不況期こそ次の飛躍につながる経営ができる。また重ねて言うが、不況に打ち勝つためには、どんな苦しい時にも屈しない闘志と経営者と従業員の心の絆をベースにした団結が必要である。

八、日頃から不況期に備える

日頃からしっかりとした経営を行い、高収益企業をつくり、豊富な内部留保を蓄積しておくことが不況に対する大きな備えとなる。これが松下幸之助氏の言われる「ダム式経営」で、不況期こそ企業経営の善し悪しが判断される。好況時に満足することなく、調子に乗らず、自分を磨き、心を高め、誠実に一つひとつ命をかけるほどの真剣さを持つ。そして、誰にも敗けない努力を続け、経営に取り組んでいくことが、不測の事態にも対応できる会社をつくる要諦である。

「政権交代（一票革命）」と「価値観の革命」

――革命には流血がつきものである

平成二十八年六月の終わりに、多くの人がまさかと思うようなイギリスの欧州連合（EU）からの離脱が国民投票によって決定された。アメリカの大統領選においても、とてもアメリカの大統領になるような人物とは思われない、トランプ候補が大善戦をしている。民主主義の原則に従えば、国民投票は、最もよい国民の意思表明だといわれている。国会議員選挙も一種の国民投票であるが、ここでも鍵を握るのが組織票と、扇動に流されやすい、ムードに合わせて投票先を変える浮動票である。日本でも今は自民党と公明党との連立政権であるが、七年前には民主党が政権をとったことがある。今後もこのようなことが起こり得る可能性がある。各種数字は今とは多少違ってきているが、この時私が機関紙に掲載した考え方も今後の参考にぜひしていただきたいと思い掲載する。

平成二十一年八月三十日の衆議院選挙の結果、民主党は三百八議席という大勝利を収め「政権交代」を果たした。

一、政権交代（一票革命）

惨敗した自民党も決して悪いばかりでもない。かつて戦後の成長を追求するために平和憲法を制定し、天皇の位置づけを象徴へと変え、民法・商法の改正、教育制度の改革、労働組合の公認、言論の自由化等、画期的な変化を受け入れた。また各種政策も各論においては問題もあったが、諸外国から「株式会社日本」と言われた如く、自民党政権と官・民が一体となって努力し、今や中国に抜かれそうになっているＧＤＰ（国内総生産）世界第二位の座を勝ち取った。この功績は認めるべきである。

しかし、欧米ではＢＲＩＣｓが大きく成長し始めるのを契機に、ＥＵ統合等を行い大きく体質転換を図り、市場を飛躍的に拡大することに成功した。この間本気で改革に取り組まなかった日本だけが取り残され、次第に成長も鈍化し、一人当たりのGDPも世界第二位から今や二十四位（平成二十八年現在では二十六位）という状況となっている。

今回の選挙で痛感したことは、今まで長年自民党の支持者であった多くのお客様やさまざまな経営者から、民主党候補への推薦葉書を多くいただいたことであった。多くの人は、民主党には「不安」もあるが、それ以上に自民党への「不信、不満」から「一度は民主党にやらせてみよう」との意思表示が今回の選挙結果になったと思う。

選挙後の世論調査では七十四％もの人が民主党政権に期待すると答える一方で、民主党に対抗する政党として自民党に立ち直ってほしいという回答も七十六％あり、政党への期待よりも変化を求める傾向が明らかである。

発足した新鳩山政権は、天下りの排除をはじめとする政と官の癒着排除やアニメの殿堂等の税の無駄遣いの排除等評価すべき点も多い。しかし八ツ場ダムの建設中止等、五十年かけて意思統一し、計画の七〜八割が完成しており、さらに地域住民の大多数の意見を無視し中止するのは、はるかに予算も多くかかり、こういう税の使い方には、多くの疑問点も多い。今後、真に我々の期待する政治が行われるかどうか、欧米のような二大政党制が根付くかどうかが、今後の民主党政権を注視して見て行かねば評価はできないと思う。

小選挙区制のもとでは、国民の一票一票が政治に革命を起こすこととなる。今後二大政党が競い合って良い政治をするという風土が日本に定着することを期待している。これを保証するのが日本の大衆の賢明な厳しい目であると思う。

二、価値観の革命

リーマンショック以降、中小零細企業の八十％が赤字を出している。あの名経営者と言われる㈱堀場製作所　最高顧問の堀場雅夫氏が「これまでの人生で今のように先が見えない〝不透明感〟は初めてである。戦争、その後の高度経済成長、ニクソンショック、そしてバブル崩壊などいろいろなことがあったが、現在、水面下で進んでいる変化は過去のどれにも当てはまらない。それは人々の『価値観の革命』と呼ぶべき現象である。これは今までの消費社会をガラリと変えるに違いない。しかし厄介なことに、その先にどのような社会が待ち受けているかは、誰にも分からない」と述べておられる。一考に値すると思う。

今までの日本企業は「いいものを作れば高く売れる」と確信し、ライバルとの開発競争を繰り広げ成功してきた。飲食業界での「餃子の王将」やアパレル業界での「ユニクロ」が独り勝ちなのは、景気悪化で低価格志向の消費者が増えたことも一因だがそれだけではない。

ホンダの「インサイト」やトヨタの「プリウス」が爆発的に売れているのはエコカーに対する減税や補助金の支給が奏功したこともあるが、決してそれだけではないと思う。ここ数年、ジワジワと進んできたものがリーマンショックをキッカケに一気に表面化してきた。この背景には少子高齢化、給料減少時代、地球環境の悪化等を踏まえ、消費者の持つ価値観の変化があると見るべきではないだろうか？　そしてこの価値観の変化は、今後景気が盛り返しても不可逆的なものである気がしてならない。

三、打つ手は常に無限にある

社会の価値観に適合する商品やサービスを提供できない企業には存在価値はない。この「価値観革命」に素早く対応できた企業は独り勝ちの地位を得るし、そうでない企業は淘汰される。

しかし、悠久の人類と経済の歴史は、生成流転を繰り返しながらも成長発展の歴史でもある。今こそ地に足をつけて今まで以上に他を圧倒するほどの勉強をし、打つ手を見つけ出し、経営計画書にしっかりと落とし込み、誰にも敗けない努力を続けるべきである。**政権の交代などに右往左往するのではなく、**どんな時代になっても「**打つ手は常に無限である**」と同時に、今こそ真に経営計画書が必要な時であると確信する。

なすべきことをキチンとやる
——政治や景気に右往左往しない経営体質をつくる

民主党政権は、鳩山首相・菅首相・野田首相と続いた。

平成二十二年十一月十四日、民主党の野田首相（当時）が安倍現首相との党首討論で、唐突に衆議院解散を表明した。前日の東京市場の終値は一ドル＝七十九円台、日経平均株価は七営業日続落の八、六六一円。長く続いた円高・株安の地合いは政権交代が事実上確定した途端に一変した。

一、時の流れを見る。そして、迅速に対応する

衆議院選挙での圧勝を背景に、アベノミクスの展開は文字通り矢継ぎ早だった。政府は日銀のレジームチェンジ（体制転換）を図り、筋金入りのリフレ派、黒田総裁を

起用し、第一の矢「大胆な異次元の金融政策」を導入。インフレ目標を二年で二％達成とし、大量の国債買い入れで資金供給量を二年で二倍に増やすとした。

第二の矢「機動的な財政改革」も公共事業・復興事業をはじめとする緊急経済対策等を次々と打ち、リーマンショック後の国内の停滞ムードを一掃した。この結果、平成二十五年末の円相場は百五円台、株価は一六、二九一円を記録。党首討論前日に比べると、円の下落率は三十三％、株価上昇率は八十八％に達した。

株価上昇による資産効果で富裕層を中心に個人消費が持ち直し、円安で製造業の収益は大幅に改善し、この三月期では上場企業は増収増益、六社に一社は過去最高益を出した。

一方この四月、十七年ぶりに消費税が八％に引き上げられた。増税前の駆け込み需要による高成長、増税後はその反動や家計の実質所得の目減りでマイナス成長は避けられそうにない。

次に第三の矢「民間投資を喚起する成長戦略」を軸に、失われた二十年、その後十五年以上も続いたデフレ脱却を如何に成し遂げていくかである。

第一の矢、第二の矢によりインフレ率は着実に上昇し、プラス局面に入っている。デフレ脱却のもう一つの大きな課題は、賃上げが実現するかどうかである。この春闘は政府の強力な要請により大手は賃上げをしつつあるが、中小企業や非正規社員にどこまで波及するか微妙な段階である。

少子高齢化で労働人口の減少が顕著になる中、成長を維持するには各分野の一人当たりの生産性の向上、女性・高齢者の労働参加率の上昇、更に建設労働者や介護等の外国人受け入れ環境の整備、雇用規制の緩和、医療・農業の岩盤規制等の公的規制改革、投資減税や法人税の実効税率の引き下げ、環太平洋経済連携協定（ＴＰＰ）の推進等が必要だ。どれもこれも互いに利害の反する抵抗勢力があり、強力なリーダーシップが必要なものばかりである。安倍政権は、慢心せず真に国民・日本国・世界を思い、正しいことを丁寧に、迅速に進めていただきたいと思う。

今の日本に求められているのは、経済成長と財政再建の両立である。政府の利払い費だけで年間十兆円に上る未曾有の国の借金を適切に管理・縮減を進めながら、国民にも負担を強いる大変難しい舵取りが求められている。

二、今の政策はインフレ政策である

とにかく、今の政策は人為的にミニバブルをつくるというインフレ政策であることを認識する必要がある。この政策は成功するかどうかは解らない。しかし、時の政権が日本国のために、また国民の幸せのために精一杯考えて行ったことである。我々はこれに対し十分に考え判断し、行動を興す必要がある。我々は最悪を想定して準備し、何が起こっても微動だにしない財務体質の構築と、人財育成が必要だが、まずはこれに対応できる経営力を身につけておかねばならない。異次元の政策には避けては通れない困難な出口が待っていることを、我々は十分に認識しておかねばならない。

三、的確な対応には勉強が不可欠である

これらの政策によって大企業を中心に景気が良くなってきているが、「大企業にはアベノミクスの恩恵があるが、我々には廻ってこない」と言う中小企業の経営者は多い。政府が企業の業績を良くし、我が国の景気を良くするために打ってくれた政策を

調べ研究・勉強をし、時の流れをしっかりと摑み、それに合わせハンドルを切り汗をかき働く人と、他責にし何もしない人とでは当然に差が出る。

アベノミクスの経済対策の一環として各種補助金・助成金が次々と出てきており、これを当社のお客様に受けていただくべくセミナーを何回も企画している。しかし、このような勉強会に次々に出席される方と、いくらお誘いしても出られない方との二通りがある。このうち勉強会の出席率の多い会社・経営計画書を作成しておられる会社の黒字化率は八十％台（平成二十八年現在）となる。ちなみに、当社のお客様の黒字化率は七十一％で全国平均の二・三倍である。このことからも勉強する企業の業績が良いことは証明される。

なすべきことをきちんとやれば経営はうまくいく。やるべきことや決めたことをやらず、いい加減だから失敗する。時代や景気や政治のせいではない。失敗の原因はすべて内部にある。物事がうまくいかないのはそこに原因がある。その原因をしっかりとつきつめ、集約して具体的な手をスピードをもって打つ。同じ失敗を繰り返さない。弁解や他責にしていてはダメだということを自覚しないと、貴重な人生は終わってしまう。

経済の流れをどう読み、潮流の変化にどう対応していくか

平成二十年のリーマンショック以降、世界各国は巨額な景気刺激策をとり、平成二十二年にはいち早く回復した中国を中心とするアジア向け輸出の増加と相まって、何とか景気は最悪期を脱したとみられる。

日本国内にいたっても、上場企業を中心とする優良企業の九割は、最盛期の売り上げ・利益には届かないものの黒字化しており、平成二十二年三月期決算では十社に一社は過去最高益を出すという。

しかし、大多数の中小零細企業は、外需に直接対応できるだけの経営力や資力もなく、売り上げの激減から固定費を賄うだけの限界利益を上げることができず、二割が黒字、残り八割が赤字で企業の存続すら危ぶまれている。

一、日本経済の三つの調整圧力

日本経済は三つの調整圧力にさらされた。

第一は設備投資の調整圧力である。設備過剰感は過去最高水準で高止まりしており、回復までには早くて三年はかかると言われた。

第二は雇用の調整圧力である。雇用過剰感は過去最高水準で各企業の労働分配率も異常に高く、非正規社員だけでなく正社員の削減や新卒採用の抑制も顕著となり、個人消費の減少へとつながった。今後の経営において、こういったことは意識していかねばいけないと思う。

第三はデフレ圧力で、足元の需給（ＧＤＰ）ギャップは六～七％、三十～四十兆円と言われ、グローバル化・円高・雇用・所得環境の悪化等により、消費者の低価額志向も急速に強まっている。更に、政府発表による名目三％程度という高めの成長を想定しても、需給ギャップの解消には四年ほどかかると推察された。

二、経済の潮流の変化をどう見るか？

思えば、日本は昭和四十三年に旧西ドイツの経済規模を超えて世界第二位の経済大国となった。その後、日本の名目ＧＤＰが五百兆円に乗せたのは平成八年であった。平成二十一年には四百七十兆円で平成三年以来の低水準となり、日本経済は「失われた十年」どころか二十年のトンネル真っただ中に入ってしまった。

世界各国が時代の流れに合わせ次々と手を打っている中で、日本は対応できず、外需依存のゼロ成長の定着でついに平成二十二年、中国のＧＤＰが日本を抜くこととなった。これについては人口がケタ違いの中国と比べ甘受するしかないが、かつて一人当たりの名目ＧＤＰが世界二位であった我が国が平成二十八年現在、世界二十六位となりＯＥＣＤ（経済協力開発機構）加盟国のどん尻に近づいている。さらに、人口減少時代十年目に入り、六十五歳以上の老齢人口の割合も四分の一になり、さらに労働力人口は年間一％、六十万人ずつ減少するという「少子高齢化」は世界最速で進む。

三、この潮流にどう対応するのか？

高齢化社会の到来は労働力人口の減少となり、人材ビジネス・介護福祉・医療など、この周辺事業には大変な需要があり、ビッグビジネスの大チャンスである。また、地球的規模で見ると人口は爆発的に増え続けており、とりわけアジアは中国十三億七千万人、インド十二億九千万人、インドネシア二億五千万人等、アジアは世界人口の半分、三十九億人を擁する。とりわけ今回の世界不況への対応も素早く、V字型回復を果たした中国。かつての「世界の工場」も、今や周囲の国も含め「巨大市場」となり、また「ハイテク製品を作る競争者」としても捉えるべき時がきた。

先進国が世界の所得の半分以上を稼ぐ時代が終わりつつある。世界経済の中心は、徐々に、しかし確実にアジアに向かいつつある。世界経済の成長の半分は既に新興国によるもので、今後五年程度では八割を新興国が占めるという。アジア新興国の七～八％の成長は十年で倍になる経済成長である。

この流れをチャンスとして捉え、これを活かす産業構造の転換は不可欠である。地理的条件を考えても日本はとても有利な位置にいる。新しいグローバル時代の到来である。日本の主要企業の収益回復もアジア地域が牽引している。

また環境ビジネスも日本の得意分野である。このような時代の潮流にしっかりと目を逸らすことなく、地に足をつけ、決して逃げることなく、一つひとつ積み上げ、あるべき姿で迅速に、そして確実に対応をして、その上でこれをチャンスとして、何よりも人一倍頑張っていただきたいと思う。考え方次第で前途は洋々たるものがある。

経営戦略としてのM＆A

――当社のM＆A事例

平成二十七年四月一日付で、名古屋市千種区において昭和四十五年以来、税理士事務所を開業しておられる先生の事務所を承継させていただくこととなった。

五年前に中部会計人互助会の活動を通してこのお話をいただき、先生のご出身が私の妻と同郷であり、遠戚も知り合いである事や互いに同じ会計ソフトを活用するTKCの会員であること。また、先生のご息女は事業を継がれる予定がなく、先生も八十六歳という高齢であられることから、長くお世話になったお客様に対するサービスの継続的提供、長年先生を支え頑張ってこられた社員の方々の生活を考えられ、将来の合併を前提に役員の派遣や、定款の目的の同一化。更に、当社の経営計画発表会へ先生及び幹部社員の方々にご出席をいただく等、時間をかけて進めてきた結果、合併の運びとなったものである。

旧会計事務所は、税理士法人ＴＡＣＴ高井法博会計事務所名古屋千種駅前事務所として新生スタートをさせていただいた。当面の間、前所長先生には名古屋千種駅前事務所所長税理士として、社員の方々も全員引き続き勤務いただくこととなった。本社からは、統合責任者として出向していた公認会計士・社員税理士の代表補佐と副統合責任者の公認会計士・社員税理士の代表補佐、及び税務コンサルティング部の統括責任者・常務執行役員が就任し、お客様の経営上の課題解決に本社の八十人余りの各々の部門の専門家が、随時対応させていただく所存である。

前述したが、当社の定款第一条にお客様サービスの原点、経営理念を明記し、掲げているが如く、お客様方に対し今までの事務所のサービスに加えて、当社の数多くのお客様からご支持いただいているサービスの提供を行おうと日々努めている。先生が四十五年というまさに生涯をかけて育ててこられた事務所と、先生を信頼し長く関与をされているお客様の期待を裏切ることのないように、一度しかない人生の中で先生を助け業務にご精励いただいている社員に、誇りと夢と希望をもっていただけるようにしなければと、身の引き締まる思いである。

一、経営戦略としてのM&Aの考え方

かつて日本ではM&Aは会社乗っ取りというダーティなイメージがあった。今から三十年くらい前に、お客様を募りアメリカ経済事情視察旅行を行ったことがある。その中の一つに、ニューヨークの大手監査法人にてアメリカにおけるM&Aの実態というセミナーを受講した。

正直、当時の日本ではM&Aはまだ一般的ではなくアメリカを中心とする西欧諸国の話くらいにしか感じなかったが、時代は変わり今ではかつてのような敵対的M&Aではなく、次に記すような経営戦略の一つとして活用する友好的M&Aが主流となった。当社も毎年三、四件のM&A案件のコンサルティングを行い、譲渡企業・譲り受け企業双方から大変喜ばれている。まさに時代は変わった。

二、譲渡企業が急増している

売り手企業の中で最も多い事例は、「後継者不在」から事業承継の一環としてのM&Aで、売り手企業の約七十％を占める。帝国データバンクの実態調査によると、日本の中小企業の三分の二が後継者不在という結果が出ており、このような会社の社長の平均年齢も六十歳と年々高齢化している。

次に多いのが「事業の先行きに不安」を感じているというものである。少子高齢化、人口減少時代で総需要が減少し、働く人も減り更に自由化や規制緩和・規制強化で自社の先行きに不安を感じ集約化や合従連衡《がっしょうれんこう》で業界再編が急激に進み、変化に対応しきれず売り上げが急激に減少する中での相談である。M&Aにより、経営者は変わるが企業も存続し長年働いてくれた社員の雇用も継続でき、場合によっては受入企業の子会社として社名を残すことができ、経営者の創業者利得でハッピーリタイアを図ることもできる。

三、譲受企業も企業の存続成長、拡大発展のために急増している

後継者がおり、企業規模の拡大のためには、経営不振に陥っている同業者をM&Aにより吸収し、他地区への進出や同一地区の市場占有率の拡大、構造不況業種から成長新規事業分野への進出など事業構造の転換を図ることができる。これにより、新規事業のノウハウの取得・技術者の受け入れもでき、拡大発展のための時間の節約にもなる。大事なのはタイミング、そして決断である。会社の存続と発展、社員の幸せを実現するためにM&Aは企業にとって今では必須の企業戦略の一つとなってきた。ただし、企業の資産・負債の評価（財務デューデリ）や法務的な問題のチェック（法務デューデリ）が必要となる。また、異文化の企業の受け入れであり、受け入れ側に短期間で統率し同化させられる経営力のある人財が必要となり、また資金（譲渡対価）も必要となる。

当社も過去三度のM&Aを実行している。検討しようと思われる方は、ぜひご相談の上、問題解決に努めていただければと思う。

異業種勉強会「ＴＡＣＴ経営研究会」
――勉強しなくては、良い点はとれない

一、ＴＡＣＴ経営研究会創設の想い

さて、このＴＡＣＴ経営研究会は高井会計創業から三年ほど経った時に設立した。お客様も徐々に増え、その経営者の誰もが自らの事業の生き残り、発展を強く願い日夜必死に血の滲むような努力を続けておられる。それでありながら固定費をまかなうだけの限界利益がなかなか確保できない。また、知名度のない中小零細企業であるが故に、優秀な人材が集まらない。新卒が採れるだけの企業体質も、また格好よい設備や就業規則をはじめとする各種規定の制定等労働環境の整備もできていない。たまに採用しても中途入社で前職での悪いクセが身についており、このような社員に対する組織だった育成、教育の必要性は漠然とは理解するが具体的方策が解らず、なかな

か育たず定着しない。

日々次々と起こる神経を逆撫でするようなできごとに翻弄され、モグラ叩きのような場当たり的対応になっている。まさに神経をズタズタにし、砂をかむような悶々とした殺伐感の中で、多額の借金の返済と社員や家族の生活を守らんがために、必死に昼夜を問わず歯を喰いしばって頑張っておられる中小企業の経営者と私自身の現実。

額に汗し、一所懸命に働くが、悲しいかな経営についての勉強もしておらず、経営の原理原則を知らないがためにムリ・ムダ・ムラも多く、経営が下手で生産性が低い。このような問題に対し、何とかお役に立ちたいと、必死に勉強し、その範囲内でお客様に解決策を提示させていただいていた。何よりも熱意はあるが私自身の能力・経験の不足で説得力も弱く、適切な解決策はなかなか見出せなかった。

しかし、考えてみればお客様はほとんどが事業経営者であり、また、当社は各々の企業の財務、経営状況、経営者の家庭環境、極論すればかまどの灰まで解る立場にある。縁あって関与をさせていただいたお客様。しかも、関与の際当事務所、私自身の経営理念、方針、考え方、提供サービスの内容等をしつこく、詳細にお話しし、ご了解をいただいたお客様ばかりである。高井会計とお客様という縦のつながりだけでなく、多くのお客様と共に前述したような経営上のいろいろな悩みや問題を、相談し話し合い、共に考え、必要な時は適切な〝本物〟の講師をお招きし、講演会を開催するなど、共に学び、自らが解決策を見出していくような会にしたい。そして、この会には、当事務所単独ではなかなか解決できない問題について、必要に応じ相談のできるように、医師、弁護士、弁理士、不動産鑑定士、司法書士、土地家屋調査士等の各種有資格者をはじめ、大学教授、元銀行役員、元官僚や元警視正等、経営を取り巻く、あらゆる問題や健康管理にまで対応できる実力のある方々に顧問をお願いする等、次々と構想企画がわいてきた。

心の熱い想いを長屋鉄美氏（初代会長）に相談し、今から三十五年前の昭和五十六年六月三十日、岐阜グランドホテルの展望レストランにおいて三十七名の有志が集い、創立総会を開催し、異業種交流会ＴＡＣＴ経営研究会が発足した。

二、勉強する企業・経営者は伸びる

爾来《じらい》三十五年、毎月一回の例会は、岐阜ではめったに聴講できない著名な講師、その他各界の本物の超一流の方々をお招きし、無慮三百五十回を超えるまでになった。また、年一回の国内、国外への研修旅行も、その時々の経営課題に的を絞り、タイムリーな目的とテーマを定め、通常他で行われる研修旅行とは一線を画し、遊び時間を極力廃し、勉強し過ぎと言われるほど勉強を重ねてきた。更に、ボウリング大会やゴルフ会、食事会等会員同士の交流を深める多種多様な事業を展開し続けてきた。

このような中から当初意図したように、お客様同士も知り合い、互いの経営のノウハウを交換し合い、経営者でしか理解し合えない悩みを相談し合ったり、その延長線上でお客様同士の取引が始まるなど、補い合い、助け合いまた触発し合いながら、共に成長発展できる同志として、高井会計を取り巻くＴＡＣＴ会員が思想哲学を共有し合いながら、ソウルメイト・真の血縁的集団として会を広げてきた。このクラスの勉強会としては他に例を見ないほどに、誠実にクソ真面目に続けてきた。当社の三分の一の社員は年齢が三十歳未満である。この社員達がまだ生まれる前から、欠かすことなく、毎月毎月愚直に開催し続けてきたことになる。

当社のお客様の黒字割合が、世間一般の二倍強となる黒字率なのは、お客様のご努力が第一であることは言うまでもないが、三十五年間このような活動を地道にやり続けてきたことも一因であったと自負している。ちなみに、データを取ると、この例会をはじめとするＴＡＣＴグループで主催する各種勉強会への出席率と黒字企業割合とは比例する。人間は自分の知っている範囲内で考え、行動する。勉強し、たくさんの知識、情報、考え方を磨けば磨くほど正しい判断、行動ができることは論を俟たない。発展する企業、伸びる経営者は一様にポジティブで勉強熱心である。

三、三十年の絆。心を高め、経営の真髄を求め続ける

このスローガンは今から六年前、平成二十二年八月六日に行った記念行事のテーマである。この記念式典で、私は次のような挨拶を行った。

創立三十年、一つの歴史をつくることができました。ここまでの会にお育ていただいた所章互会長をはじめ歴代の会長、役員、会員の皆様方に、心から感謝を申し上げ

ます。

さて、これからのＴＡＣＴ経営研究会は如何にすべきか？　このポジティブで素晴らしいお客様、「人生の同志」と共に、人格を磨き、心を高め続ける勉強を一生継続し続ける。経営の真髄を極めるには際限はない。

今まで出逢った一流の方々の特徴は「目標と自分が一体となっている。仕事をするのも、遊ぶのも、学ぶのも皆一つになっている」。また「一流は学び続ける。七十歳、八十歳、九十歳になっても死ぬまで学び続け、変化、進歩し続けておられる。これで良いと思われない」。致知出版社の藤尾秀昭社長よりこんな詩を紹介いただいた。

人間の一生（読み人知らず）

職業に上下もなければ貴賤もない。世のため人のために役立つことなら、何をしようと自由である。

しかしどうせやるなら覚悟を決めて十年やる。すると二十からでも三十までにはひと仕事できるものである。それから十年本気でやる。

すると四十までに頭をあげるものだが、それでいい気にならずにまた十年頑張る。すると、五十までには群を抜く。しかし五十の声をきいた時には、大抵のものが息をぬくが、それがいけない。「これからが仕上げだ」と、新しい気持ちでまた十年頑張る。すると六十ともなれば、もう相当に実を結ぶだろう。だが、月並の人間はこの辺で楽隠居がしたくなるが、それから十年頑張る。するると、七十の祝は盛んにやってもらえるだろう。しかし、それからまた、十年頑張る。するとこのコースが一生で一番おもしろい。

もう一つ、大人物の特徴は、自己中心的発想から脱却し、まさに世のため人のために徹する生き方をしておられる。人物の大小は、利己心の強弱に反比例する。人生は一回限りで、しかも百年足らずである。この短い人生を自分はどう生きるかはまさに重大問題である。誠にいい加減な生き方をしていた私が、今までの人生で、素晴らしい人生の師との出逢いによって、このことを確信するに至った以上、毎日を命懸けで必死に勉強し「成功哲学」を身につけ、「正しい人間の生き方」を求め続けたいと思う。

そのうちの最たるものが「自利利他」の考え方であり、これを如何に自分のものにしていくかに懸かっている。自利利他の哲学的確信に裏付けられた行動が展開できれば、素晴らしい人生が送れることは確信できる。逆にできねば中途半端な人生になってしまうと思うと身震いがする。徹底した謙虚さと自己批判に立って「正しい人間の生き方」を求め続けたいと思う。そのための学びの場所が、この「ＴＡＣＴ経営研究会」である。

いつまでも現在の職位にはおられないが、常に目標を持ち、体調に留意し、前向きに、素直に、心を高め学び続ける日々を送っていきたいと思う。本当に創設三十年おめでとうございました。そして、ここまで育てていただきましたことに心から感謝します。ありがとうございました。今後共精一杯精進努力を重ねてまいります。皆様の変わらぬご支援、ご教導を賜りますことをお願いし、私の挨拶にかえさせていただきます。

仏陀の智慧を経営に活かす

――グローバル時代への対応・ＢＲＩＣsの旅　インド編

今から十年前、高井法博会計事務所創立三十周年の年に当たり、これを記念し年初より書籍の出版をはじめ、いくつかの記念事業を実施した。その中の一つとして、この「仏陀の智慧を経営に生かす～仏陀ゴールデンロードセミナー～」を企画し、平成十八年十一月、催行させていただいた。「何故この企画なのか」と多くの方から質問を受けた。その理由はいくつかある。それまでも毎年国内、国外の研修旅行を主催してきたが、そのいずれも単なる研修や観光の旅行に終わることなく、その時代の流れに合わせ、企業としてどう対応すべきかを模索しそのヒントを見つけ出すためである。また、いつも悩み苦しんでいる経営者の一人として、人間として次々とぶち当たる問題に対しどう考え、どう誤りなき正しい判断をするかをテーマに、また通常の研修旅行では考えられないほどの勉強会を行う。行く前から予備セミナーを開催し、また結団式では挨拶もほどほどに一時間ほどのレクチャー。行く先々の車中で、訪問見学先で、ホテルで数多くの講義を行う。一つひとつに目的、目標を定め、十分に準備をし実施してきた。

高井法博会計事務所創立三十周年に当たり、それまでの研修旅行に更に輪をかけた集大成の旅行を行おうと、二十数年前から心に秘めていた旅行を実施した。

一、何故、インド旅行なのか？

私は仕事三昧の人生を送っているが、あえて趣味をといわれると旅行となる。しかし全くの観光という旅行はほとんどなく、何かテーマを持って年間二、三回海外に出る。過去かなりの国を訪問させていただいたが、一番印象深く、カルチャーショックを受けたのが、今から三十一年前の三十九歳の時、この研修旅行の講師をお願いした松村寧雄《やすお》先生に連れていっていただいたインドであった。私はもともとお寺の次男坊として生まれた宿縁からか、釈迦の生国、天竺には憧れがあった。

こんな世の中があるのか？

こんな生活をしている人達がいるのか？

インダス文明発祥の地、世界の多くの人達を救っている仏陀が生まれ育ち悟りを開いたという、ここが仏教の本山の地なのか？


今までの自分の価値観、人生観を変える旅であった。ぜひいつかはお客様や女房とその他親しい方々と訪れ、お互いの人生や経営者としてどうあるべきかを振り返ってみたいと思っていた。また、企業経営をしていく上でグローバル化した現在、「ＢＲＩＣＳ」（当時はＢＲＩＣs）の一員として中国に次いで目覚ましい経済発展を続けているインドを訪れ、今後の国際化した経済の中で自社をどう対応させていくかを考える旅にもしたいと思い、企画した。

二、仏陀ゴールデンロードセミナー

それまでの研修旅行は、ほとんど私が調べ解説しながら実施してきたが、今回のテーマはとても私如きでは対応できない。セミナーの講師は三十一年前にご同行・ご指導いただいた日本におけるこの道の第一人者である松村寧雄先生にお願いした。

仏陀が出家し、ガンジス河を渡った地「パトナ」から仏陀の精舎第一号、竹林精舎の地ラジギール、仏陀が般若心経や法華経を説法した霊鷲山《りょうじゅせん》でご来光を仰ぎながら般若心経を唱和、ラジギールのナーランダ仏教大学遺跡を見学した。

仏陀が六年間苦行を続けたウルベーラの前正覚山《ぜんしょうがくさん》。悟りを開いたブッダガヤの菩提樹の下での座禅。またガヤ駅の雑踏の中でスニーカーを磨かせろという子供の靴磨き屋。子供の乞食、またファミリーの乞食の洗礼を受け、初めて説法をした地（初転《しょてん》法輪《ぼうりん》）サールナート、ガンジス河にてご来光を仰ぎながらの沐浴。更にムガール皇帝が妃のために建てた世界遺産タージ・マハールも訪れた。

この行程の移動の車中で、遺跡に腰をかけ、原っぱに座り、時にはホテルの会議室で、その時々において仏陀の生誕から悟りを開き八十歳で入滅するまでの足跡を追いながら、松村先生に八回にわたって名講義をしていただいた。

三、仏陀の智慧を経営に生かす

経営や、また人生の師でもある日蓮宗の高僧竹内日祥上人は当然とし、㈱後藤孵卵場の創業者後藤静一氏、京セラ㈱の創業者稲盛和夫氏、㈱ＴＫＣ（会計ソフト販売会社）創業者飯塚毅先生、その他多くの素晴らしいお客様、経営の師、恩人からは、計数に基づく論理的・科学的な経営手法と共に、「自利利他」の精神、心を磨き魂を高めるための修行「六波羅蜜《ろくはらみつ》」「八正道《はっしょうどう》」の実践等や、さらには仏陀が説く世の中はすべて「相互依存」の関係で「空」の認識を悟る必要性や、「生き方」「考え方」を磨く重要性を教えていただいている。まさにこれは車の両輪で、成功する経営者はこの双方の勉強が欠かせない。

この旅行の目的の一つに、松村先生からこういった仏教の解説をしていただくということがあった。そして三十一年前先生と知り合った時、先生が曼陀羅からヒントを得て開発されたＭＹ法マンダラチャートの活用方法を教わった。以後勝手にＴＡＣＴ法と命名し、いろいろな計画を練る時や問題解決の際、このチャートを取り出し大いに活用させていただいている。その後開発者の松村先生からこのＭＹ法（ＴＡＣＴ法）

の活用方法のセミナーを、お客様向けに数回にわたりじっくりと行っていただいた。

四、インドのシリコンバレー、バンガロール

この研修の旅行の二つ目の目的は、ＢＲＩＣsの一員として、かつての自給自足政策から、解放経済、自由化政策に転換し、全世界から人と資本を導入し経済成長率八％台へと大きく躍進しつつあるインドを見ることにあった。

インドのシリコンバレーといわれるバンガロールを訪問し、その中でも有数のソフトウエア会社インフォシス社を訪問した。

今から三十一年前、たった七人で始めた企業が今では十八万人弱となり、一九九三年にインドで上場、一九九九年にはアメリカナスダックに上場、株式時価総額で日本のソフトバンクを上回るような企業に成長している。バンガロールのオフィスは、まさに大学のキャンパスのようで、当時、既に東京ドーム二十二個分という広大な敷地内に四十一棟ものビルが立ち並び、オフィスはもとより二十四時間利用できるレストラン、ショッピングセンター、病院、宿泊施設までが完備され、屋外にはゴルフコー

スやプールまであった。まさに、求人倍率百倍という企業である。インド国内を旅行してその落差に唖然とした。日本の格差社会など取るに足らないと感じた。

また、現地在住のＪＥＴＲＯと三菱東京ＵＦＪ銀行の両支店長からインドの現状、日本企業の進出の状況、インドでのビジネス、また取引をする上での注意点などのレクチャーを受けた。お二人の意見は立場や考え方の違いからか微妙な差があり、一面からだけの意見ではなく正しい判断をする上でいろいろな意見を聞くことの重要性を再認識した。

五、インドをもっと知ろう

インドは今世界中から注目されている。目覚ましい経済発展、そして爆発的な人口増加は数年で中国を抜くという。相変わらず続く異教徒間の争い、根強く残るカースト制度、原始的な生活から原子爆弾まである多彩な国である。世界に誇るコンピュータソフトの開発があれば、一方で三千年前のやり方をそのまま受け継いでいる農村もある。場所によっては電気や水道、また家にはトイレすらなく裸同然の生活で、義務教育の制度はあっても学校がない地域、最上級の生活をする者から路上生活をする者や、父祖伝来の乞食もいる。町に牛が放し飼いにされ牛糞が舞う街中。ゴミは処理されるのではなく、道路脇に山積みされそのゴミの山から何か食料か金目のものを捜すために引っかき廻している者、とにかく汚く、臭く、異臭を放ち、旅行参加者のほとんどが洗礼を受ける下痢。反面、欧米のどこにもひけをとらないバンガロールのような先端企業の集積するキャンパス。一つの国でこれだけ多くの異なる文化、風習、そして景観、遺跡、気候、生活レベルの違う多様な国は珍しい。日本とインドは遠い国である。距離も地球の片面を斜めに縦断するくらいある。昔は、天竺といい宇宙の果てのような存在であった。しかし、第二次世界大戦中から戦後の貿易、敗戦時東京国際裁判でのインドのパール判事がただ一人日本無罪論を主張した態度、戦後ネール首相が日本の子供達に贈ってくれた象「インディラ」、そして最近の交流などで遠くて近い国になりつつある。これからのアジアの中で中国に次ぐ目玉はインドであり、日本経済新聞等の記事を見ていても、インドの記事が出ていない日はほとんどない。

我々が二十一世紀の企業経営を誤りなく行っていく上でも、また日本のためにもインドをより多く知る必要がある。この旅行のためにたくさん新聞記事を切り抜き、また本屋にも足を運び何十冊もの本を読んだ。いろいろな分野の幅広い出版物があるが、ほとんどが部分的、専門分野は知ることはできるが、マクロのインドは焦点が大きすぎて絞りにくいためかほとんど見当たらなかった。機会があれば何度か訪れ徐々に知っていく以外にないのではないかと思った。そこにインドの魅力がある。世界の人々が、好奇心と探求心を抱くのは当然であろう。しかし、世界で最も大規模な農耕民族の集まる国、民主主義国家のインドも今、急速に近代国家に変貌しつつある。

六、亡き両親への想い

個人的なことであるが、平成十六年十二月、長い闘病生活の末に母親を亡くした。この旅行に、その母親の遺骨をもって一緒に旅をした。毎日左胸のポケットに入れ心の中で話しながら旅を続けて、聖なる河、ガンジス河で皆さんに般若心経をあげていただく中、その遺骨を流してあげることができた。

実は三十一年前インド旅行に参加した時も、その前年に亡くなっていた父の遺骨を持ってきて同じように流させていただいた。生前苦労と心配ばかりさせて、何もしてやることができなかった両親だが、今頃は、父親と共に再会を喜び合っているのではないかと思っている。皆様のおかげで何よりの供養ができた。本当にありがたく心から感謝申し上げます。

九日間にもわたるこの研修旅行に私の無理なお願いをお聞きいただき、ご同行・献身的なご指導賜りました、松村寧雄先生・松村剛志先生に心から御礼申し上げます。また、終始適切な対応とお世話をしてくださったガイドのパタックさん。何と二日目には日本の自殺者は三万五千人（当時）で、イジメの問題等日本の実状を日本人以上に数字を挙げて話し、「日本はどうなっているのか？　おかしい方向に向かっているのではないか？　終戦時の日本は良い風習、正しい考え方、両親への感謝、良い教育があり、利他行の精神があり、敗戦後の大変な時期を見事に立ち直り、近代国家日本を作り、インドはそれを見本にしてきた。今日の日本をつくっているのは、日本の親や、企業にも責任がある」と叱咤激励をしてくれた。

何よりもこの企画にご参加いただき三十周年事業を盛り上げてくださいました辻会

長ご夫婦をはじめご参加いただきました皆様方に心から感謝し、主催者として心からの御礼を申し上げます。

ブラジル・ペルー経済事情視察旅行を終えて

——グローバル時代への対応・ＢＲＩＣsの旅　ブラジル編

平成二十三年六月六日～六月十五日の十日間にわたり、ブラジル・ペルー経済事情視察研修旅行を行った。

ブラジルは小学校時代より私の憧れの国であった。今から五十数年前、当時の山県小学校の頃仲の良かった村井作治郎君という同級生が親戚も含め数家族で自宅等の資産もすべて売却し、退路遮断で南米ブラジルに移住することになった。何も解らない我々同級生は村井君から、ブラジルは国土も広く、暖かく大発展をしている先進国で素晴らしい国、パラダイスであるとの話を聞き、将来ぜひブラジルで逢おうと誓い合った。校長先生をはじめ、全校集会で壮行会を行い彼はブラジルに渡航し、その後夢破れて帰国したと聞いたが、同級生の誰もが帰国後の彼の消息を知る者がない。

ブラジルと日本との関係は古く、日本からブラジルへの移住は明治四十一年に、神戸港を出港した「笠戸丸」で七百八十一名の開拓者がサントスの地に降り立つ時から始まり、平成二十年にはブラジル日本移民百周年を迎えた。農業移民からスタートし、大変な苦労を重ねて社会のあらゆる職業階層に進出した日系人は、「ジャポネス・ガランチード（日本人なら間違いない、保証付き）」と言われるほどに信頼され、今では百九十万人を超え日本以外では最多の日系人集団となっている。

時は変わりブラジルは昭和六十二年以降、大規模な経済危機にみまわれ、逆に昭和五十年代から急速に発展した日本は世界第二位の経済大国に発展した。そのような背景から、逆にブラジルから日本には一時三十五万人の在日ブラジル人が住むなど中国、韓国についで第三位となるほどの数の多さである。この研修旅行は、時の流れに乗せることの重要性の再確認と、幼い時からの憧れの国、日本から最も遠い地球の裏側を巡る、人生の思い出をつくる旅でもあった。

一、ＢＲＩＣｓ経済事情視察研修旅行のまとめとしてのブラジル旅行

ＢＲＩＣｓという言葉は、ブラジル、ロシア、インド、中国の頭文字を並べたもので、ゴールドマン・サックス社の二〇〇一年、年次レポートで初めて使われた。その中で中国は二〇一〇年頃に日本を、二〇四〇年頃にはアメリカを抜き世界一に、インドは二〇三〇年過ぎに日本を抜きアメリカに次ぐ第三の経済大国になり、二〇五〇年のＧＤＰ予測では、中国がトップに君臨し、次いでアメリカ、インドと共に世界の三大経済大国になり、続いて四位ブラジル、五位メキシコ、六位ロシア、七位インドネシア、八位日本と予測されている。ＢＲＩＣｓ各国が上位六カ国に入ってしまう。一方日本は、メキシコ、インドネシアにも抜かれ八位になるといった大胆な予測である。

ＢＲＩＣｓは世界経済のキーワードになると確信し、お客様が生き残るためにＴＡＣＴの研修旅行ではＢＲＩＣｓを廻ろうと決意し、二〇〇二年に中国、二〇〇六年はインド、二〇〇九年にロシアを訪問。二〇一一年は、その集大成としてブラジルを訪問した。

ブラジルは世界第五位の国土（八百五十一万㎢・日本の二十二・五倍）と人口二億人弱

と世界第五位、経済規模は世界第九位の大国である。恵まれた豊かな国土と、鉄鉱石を中心とし、レアメタルを含む百種類近い金属や宝石類を産出し世界の鉱物資源の宝庫といわれ、大規模な海底油田の発見により、二〇〇六年には百％自給率達成の豊富な天然資源を保有。また、世界有数の農業生産力がある。

現在七十三億人の地球人口は二〇五〇年には九十億人を超えるという。将来の食糧や水の需給は大きな国際問題である。アメリカや中国は山地や砂漠が多く、耕作可能面積はそれほど多くはない。ブラジルの耕作可能地域で農業に利用されているのは、わずか二十％にすぎない。世界の食糧需給国として、ブラジルの潜在能力は突出している。

ブラジルの今日を支えているのは鉱物資源や農畜産物の輸出と共に、かつての長い軍政から民主制度に変革する中で、次々と経済復興計画が実施され、電力など多くの事業が国営から民営化されたこと。インフラ整備事業やナショナルプロジェクトの多くは外国投資により支えられ、貿易・資本の自由化、規制緩和などが果敢に実施された結果である。こうした安定した政治の好リードで、総額及び一人当たりのＧＤＰは大きく増加、失業率も大幅に低下し、二〇〇八年には対外債権が対外債務を上回り、外貨準備高も大きく増加した結果、国民所得は増え中間層が拡大し、個人消費に支えられた内需拡大は、更に国内企業の積極的な設備投資や外資の進出を呼び込んでいる。自動車産業はここ数年二桁の生産台数の伸びを示し、クリーン・エネルギーとして世界の脚光を浴びるバイオエタノール、燃料価額高騰を追い風に「エンブラエル」などの小型旅客機に代表されるように高い技術力を誇る産業も育っている。

㈱この文章は平成二十三年七月に、研修旅行のまとめとして機関誌「一期一会」に掲載したもので、現在のブラジルの状況とは相違する。

二、あるものを認識し得ない人たちにとっては、そのものは実在しない

リーマンショックや3・11東日本大震災を予測することは、通常では難しい。しかし少子高齢化、人口減少時代、これらを踏まえた総需要減少時代、先進国中心から新興国の時代が来ることも、中国がGDPで日本を抜く年すら既に何年も前から予測されていた。今現実にそれが起こってきているだけである。今後もCO_2による環境破

壊、化石燃料の減少、食糧・原材料の不足による高騰や、日本の国家財政の危機等確実に起こるであろう数々の問題について多くの警告が与えられている。

こうしたことを真正面から受け止め、「人」を鍛え育て、「物」を開発し磨き、「金」を貯え「情報」をしっかりと捉えて対応してきた一部の優秀な企業や上場企業は、一般企業の黒字率が三十・六％前後という中で九十％以上が黒字である。このことは、人生の師㈱ＴＫＣ創業者飯塚毅先生から教えていただいた。

「今ここに運命の岐路があると認識できる人にとっては、運命の岐路は実在するが、足下に運命の岐路を読み取れない人にとっては、自分が今運命の岐路に立っていると の実感はない。幸か不幸か運命は無形である。自分の足下に、無形である運命の岐路が横たわっていると直覚できる人は幸いである。その人は没落消滅の悲運に泣かずに済むからである。遅れることに意味と価値とがあるならば遅れるのもよい。だが遅れることは、時代から遅れることであり、それだけ問題解決を先へ押しやっているにすぎない。そのことは自分の運命を回復困難にしてしまうことを意味する」

今までの研修旅行やＴＡＣＴグループで行う各種研修は、この「見ない人には実在しない運命の岐路」に気付いていただくための警鐘を乱打しているものである。

三、最悪を想定し準備し、楽観的に行動する

研修旅行の観光の目玉として、ペルーのインカ帝国時代の首都クスコと、世界遺産マチュピチュの観光も計画していた。それが非情にもチリの火山爆発により中継地アルゼンチンのブエノスアイレス空港が閉鎖されることとなり、ブラジルのイグアスで三泊することを余儀なくされた。

現地で知り合った多くの観光ツアーは、目的地に向かい空港等で一夜を明かしたと聞く。参加者の心情が痛いほど解り、誰よりも私自身が計画通り遂行したかったが、空港の閉鎖とこれに伴うホテル等の大混乱から、無理をして現地に入っても多くの困難が想定されることを推察し、大事な経営者の安全と帰国後ビッシリと組まれている予定を考慮し、誰もが最も嫌がる判断をした。

問題は、この二日間を如何に有効に過ごすかである。まず一日目はホテルの会議室を急遽借りセミナーを実施した。自然災害に伴うホテル代は旅行保険から出ないと聞

き、五ツ星ホテルから三ツ星ホテルに変わり、世界一のイタイプの水力発電所の見学や、隣の小国無関税のパラグアイ、エステ市に出かけた。無関税なのでブラジル国内より物価は安く、多くのブラジル人が買い出しに行く巨大市場となっていた。国境でのパスポートチェックも、税関もほとんどがフリーパスのようで我々では想像もつかない現実を見ることができた。

その他にも、岐阜県岐阜市の国際課の手配によりブラジル、ペルーの両県人会の会長から、移民の歴史から現在の状況をお伺いする機会を得たり、岐阜市の細江茂光市長からは、ブラジル カンピーナス市にある、東山農場社長、岩崎透氏と共にカンピーナス市長宛の親書をお預かりし訪問した。東山農場は三菱創始者である岩崎家の海外事業の一環として、一九二七年に既存農場を購入し農場経営を開始されたもので、歴代の日本の総理や要人が訪問され、我々も農場内を小型バスで岩崎透社長自ら案内をいただいた。平成十七年のＮＨＫで放映された記念ドラマ「ハルとナツ・届かなかった手紙」の撮影現場でもある。この施設を通して移民の実態を知ることもできた。更に農場視察後、東山農場で野外パーティーも開催され、大歓迎をしていただいた。

いろいろなアクシデントにも見舞われたが、ご参加いただいた皆様のご協力と岐阜市をはじめ多くの皆様方のご支援により、平成十四年より開始したＢＲＩＣｓを巡る十年にわたって行う視察旅行も、今回のブラジル旅行をもって無事終えることとなった。このような旅行は私の体力的なこともあり、今回をもって最後とするが、関係各位のご尽力に、心から感謝を申し上げます。

ＢＲＩＣｓ→ＢＲＩＣＳの表記について

（注）平成二十三年八月、機関誌巻頭言に掲載当時はＢＲＩＣｓであったが、その後南アフリカ共和国が加わり、現在ではＢＲＩＣＳとなっている。

なお、前回のブラジル旅行でこのような旅行は終了することとしていたが、皆様の強い要望により本年（平成二十八年）十一月には、南アフリカの視察を予定している。

第四章

高収益企業への道

黒字企業のつくり方

——経営計画書は未来の羅針盤

一、経営者としての基本的な心構え——成功の秘訣は目標設定にあり——

ほとんどの経営者は企業を発展させたいと思っている。しかし、それに向かって具体的な戦略と戦術を持っている経営者は、ビックリするほど少ない。企業経営とは、内部管理することと錯覚している経営者は多い。内部管理も経営にとって重要な要素ではあるが、これだけでは利益は生まれない。売り上げがあってこそ初めて利益があがる。企業を黒字化するために、常に次のことを意識しておく必要がある。

①経費は必ず増加する

企業は従業員数、生産設備、投下資本が同一であっても、毎年必ず経費は増加する。

②売上高の増加が必要である

増加した「経費」に見合う売上高（または粗利益額）の増加を図らなければならない。そうでなければ、前期より利益が減少したり、赤字になったりする。赤字の累積は、企業の存続基盤を危うくする。売上高は、企業規模を縮小しない限り、来年も再来年も増加させなければならない。企業活動の継続のためには、売上高の増加を永続的に行う必要がある。

③売上高はお客様によって決まる

売上高は、物（製品・商品・サービス）をお客様に買ってもらうことで実現する。販売なくして企業の維持はない。いかにしてお客様をつくるかである。

皆様の会社は、昨年と比べてお客様の数は増えているだろうか。決算書を分析するまでもなく、それだけで業績の良否を判断できる。お客様の数が昨年よりも減っていれば、確実に業績はダウンしている。事業は手品でも偶然の産物でもない。地道な顧客創造の連続で成り立っている。拡大した設備や人員に対して増加する必要経費を賄うために、さらなる拡大が必要になる。お客様の数が増えていなければ、経営者は社員の給料を上げることすらできない。拡大が止まったということは、倒産に向かってばく進していることを肝に銘じるべきである。

そのためには、常にお客様の方を向いていなければならない。経営者はお客様に会い、お客様が何を望み、何に困っているかを客観的に把握し、時代とお客様に合わせて会社を変革しシステム化していく。これを可視化するのが経営計画書にほかならない。

経営者にとって、この経営計画書作成以上に重要な仕事は、果たしてあるだろうか？　経営計画のために時間を費やし、他の仕事ができないのならば解る。しかし、忙しいという理由で経営計画書を自らつくる時間がないということほど、おかしなことはない。自社の未来の羅針盤ともいえる経営計画に時間を費やすことこそ、最も有効な使用法であり、「黒字企業」を決意する経営者の行うべきことである。

二、経営計画書作成の重要性――利益増大への魔法の書――

経営計画書の作成は、経営者にとって最も重要な仕事である。従業員は一所懸命働くことはできるが、経営の根幹・魂である「経営計画書」を作成することはできない。創業前に在籍していた民間会社の経理責任者時代に経営危機に陥り、事業再生計画の作成により再建を果たした際、経営計画の必要性を確信した。創業後は、毎年経営計画書を作成し、経営計画に関するセミナーには多く参加し、また関連する書籍を読み漁り、その必要性と効果を確信し、社内外に伝えてきた。忙しいことを理由に、自分で作らず経理部長に作成させる経営者がいるが、会社の未来を決める最高方針の樹立と目標の設定こそ、経営者の最も重要な仕事であり、経営者自身が行うべきものであることを肝に銘ずべきである。

①「志」「夢」「理念」「方針」を明確にする

経営計画書に魂を入れる第一歩は、まず目標として、自分がどうしたいのか、どのようになりたいのかを決めることにある。そして、何のために会社を経営するのか、社員に、社会にどう貢献していくのかを明確にする。理念なき経営は、哲学なき人生に似たりと言える。

②経営はシステムである

目標を達成するためには、具体的方策が必要である。どのような事業構造にするのか、素晴らしい会社にするための設計図を作る。

③論理的・科学的に積み上げる

経営にはセオリーがある。将来上げなければならない利益に加え、上げようとする利益をまず決める。企業が利益を上げる方法は大きく三つ。①売り上げの増加　②粗利率のアップ　③固定費の削減。社員への給与、借入金の返済、将来の投資に必要な利益を出すためには、それに見合うだけの売り上げを確保しなければならない。そして、損益計算書、貸借対照表、キャッシュ・フロー計算書重視の経営を意識することが重要だ。損益計算書で収益から費用を差し引いた利益が貸借対照表の貸方にある純資産の増大をもたらす。売掛金や固定資産の増加は、その分だけ企業が確保した資金を拘束することになる。黒字になったものの資金がなくて倒産した、なんてことでは話にならない。

④目標数値と、誰が、いつまでに、何を、どれだけやるかを明確に決める

経営理念をもとに進むべき方策を決めても、具体的に数値に落とし込み、誰が、何を、どれだけ、いつまでにやるかを明らかにしなければ物事は進まない。これを明確にし、チェックと管理をすることで、数字に厳しく、また強くなることができる。そのためには、情熱・熱意・執念をもった**口うるさく、細かく、決めたことをしつこくやらせられるリーダーが不可欠である。**

⑤経営計画作成、その前後の徹底

企業成功の秘訣は目標設定にある。計画を行動に移す際、経営者一人の力では限界がある。衆力を結集して、一人の百歩より百人の一歩とすることが目標達成への王道である。そのためには理念の共有が不可欠である。そして、日々の正しい記帳と月次決算体制の確立、予算と実績の差異分析、対応策の決定、先行管理を行うことで、目標を達成する。これこそ、経営計画書が利益増大の魔法の書といわれる所以である。

三、社員との目標共有……企業は環境適応業

実業の世界に入ってからは、職業柄、様々な事業経営者にお会いし、経営の手法、考え方を教わった。経営者にとって最も重要なことは、「戦略を決定すること」である。これは、「意図して事業の方向性を決定すること」を示している。

たとえ現在、売上高や利益が順調であっても油断せず、絶えず時代に合わせ収益の柱となる事業や商品、市場に対し手を打ち続けなければ、繁栄はそう長くは続かない。一時の儲けを永遠に続くものと錯覚し、方向性の決定が遅れる社長は多い。時代の流れは速く、地球は自社を中心に回ってくれない。

かつて岐阜の主力産業であった繊維産業も、ボーダレスの時代となり、その産地は東南アジアへ移行した。画期的商品を作ったとしても競争は厳しく、好調の要因はたちまち他社の知るところとなり、寿命は短い。また市場はすぐ飽和状態になり、人口・戸数・事業の数は即座に数えられるほど競争の科学は進歩してしまった。

こういった状況の中で事業を繁栄発展させていくためには、現業の足元をしっかり固め、勉強をして五年先、十年先を見通し、継続して事業の将来の方向性を決める発

展戦略を、経営者自らが意図して画さなければならない。でなければ、お客様のお役に立つことはもちろん、必死になって日夜頑張ってくれている「社員を守ること」はできない。東日本ハウス（現・㈱日本ハウスホールディングス）創業者の中村功相談役によると、「社員を守るために会社を強くしなければならない。そのために①時間を守る（信用）②礼儀を徹底する（人を創る）③利益を上げる（財務体質強化）ことが重要である」。そして、中期（五ヶ年）の経営計画書を作成することにより、自社の実態を理解すると共に未来の目標を決定し、夢や未来が社員にも提示されて共有でき、一体感と耐え抜く力が出てくる。また、資本の蓄積の重要性を社員にも話すこと。これができていないと会社は不安定で永遠に泣くことになる。資本が蓄積され会社が大きくなれば、今後は会社が社長や社員を守ってくれる。そのために、利益を上げ内部留保に回すこと、一定年数以上勤務した者に増資をしてもらう社員株主制度の検討を行うこと。そして、正しい評価基準や社内への競争原理の導入で、方針に従って頑張った人にはそれだけの評価をする。頑張らなかった人、方針に従っていない人にはそれなりの評価を行い、賞与でできるだけの差をつけることを検討すべきであると言われる。

いずれももっともなことで、これらは経営計画書の中に謳い込み、実践に移していかなければならないことばかりである。素晴らしい経営者を見ていると、事業の繁栄発展はいつでも絶えず「志」の旗を立てて胸をとどろかせ、第二創業、第三創業を目指しておられる。これが基本の理と実感させられる。

経営者なら誰でも、自分の事業を発展させたい。売り上げを伸ばし会社を大きくしたい。そして、安定して利益を出せる会社にしたいという熱い思いをもっている。

この熱い思いを、渾身の力を込めて経営計画書に謳《うた》い込み、社員に訴えプラス方向への変革を要請し、時間軸で実行に移し、定量的成果に繋げていくことこそ、経営者の最も重要な仕事である。

高収益企業の特性「迅速決算」
――日々の正しい記帳と月次決算は経営の要諦

成功の極意は「迅速決算」にあり

高収益企業には様々な特性がある。その中の一つに「迅速決算」がある。当社の経営計画書の一節に、左記のように記している。

「社会貢献度や優れた品質・技術力等をいくらアピールしても、財務内容が悪ければ今や全く評価されない時代であると銘記すべきである。そのために、業務の単純化・平準化・標準化・日常化・システム化を常に行い、翌月六日以内にグループ会社全ての『月次決算』『時間当たり採算表』ができる体制を確立し、問題点にはすぐに具体的な手を打つ。東証に上場している㈱あみやき亭は、決算期日からたった二日後に決算発表をするという（現在では決算日翌日の四月一日）。これを可能にしているのが日次決算で、創業以来二十一年間で大震災時と狂牛病発生時の二年を除き連続、増収増益を続けている。これをベンチマーキングして『結果管理』や『同時管理』ではなく、『目標差額』をつかみその差額を埋める『先行管理』体制を確立する」

かつては翌月六日には月次決算ができていたが、人の異動等もあり、十日前後の作成となってしまっていた。この改善のために昨年経理のベテランを一名採用し、この実現を命じた。一年近く経つのに一向に改善の兆しも見えず、逆に数日遅れるような状況で、更にいくつかの改善等を指示したがほとんど手がつけられず進まない。本人に問いただすとできない理由がいろいろ出てくる。そのほとんどが「他責」である。本来、障害を潰していくのが仕事である。元々、私自身が経理の専門家である。当人の日報や月間予定表をつぶさにチェックした結果、意味のない二重チェックをはじめ、全く無駄な作業に終始していることを発見し、彼をこの仕事から外した。

その結果、月次決算の完成までの期間は半減し、翌月の四日前後と計画以上の期日にできることとなった。更に、各々の作業の組み替えなどの改善を行った結果、経理部門の作業時間は大幅に減少した。

また、㈱あみやき亭の佐藤啓介社長にぜひ一度お逢いしたいと常々思っていた。かねてから親しい経営コンサルタントの方が社長と懇意で、その方が私の著書を贈呈していただき、その本も読んでいただいていた。早速、そのコンサルタント経由で面談の意向をお伝えすると、佐藤社長から逢ってもよいと言っていただき、携帯電話の番号まで教えていただいた。正直一面識もない私が、東証一部の社長の携帯電話に直接電話をする非礼に戸惑ったが、勇気を奮って電話をしたのが四月二日で、ちょうど期末二日後にして東証で決算発表をしておられる真っ最中であった。何か運命的なものを感じた。その後三回ほどお逢いし、様々なお話をお聞きし、その行動を拝見させていただく中で、成功の極意をいくつも発見することができた。その中の最たるものが「迅速決算」である。その成功要因の詳細は、次項の佐藤社長とのインタビュー記事をご参照いただきたいが、当日の決算が翌日の昼にはできるという「日時決算」体制を確立しておられる。

月次決算体制の確立が高収益を生む

当社は定款第一条に「経営理念・方針」を法人の位置付けとして明記し、これをもとに。いくつかの事業施策を推進しているが、そのうちの最も根幹を成すものが、「巡回監査を通した正確な月次決算書をお客様に早期に提供すること」にある。ちなみに当事務所の巡回監査率は九十二％前後でほとんどのお客様に対し、翌月には前月の月次決算が提供できる体制を確立している。

昭和五十八年には日本の個人事業をも含めた事業所数は五百三十三万社あったという。それが平成二十六年末では四百九万社となり、百二十四万社が減少している。なんと四社に一社が減ったことになる。現実はここ数年、毎年廃業や倒産が六％ほどあり、四％近くの創業がある。廃業だけを見れば、現在の企業は十年で六割以上が減っているということになる。

高収益企業をつくるポイントは正しい理念、方針の確立をはじめいくつかあるが、まずは経営者自身が数字に強くなること、その第一歩はしっかりと記帳を行い、迅速な月次決算書を出し、その数字が訴えかけてくる声に耳を傾け、迅速に具体的方策を考え判断し決定の上実行に移し、翌月の月次決算ではその判断の正しさを検証していくことである。

月次決算ができていなかったら、できるようにすることである。まず、関与している会社事務所に依頼し、会計事務所と一体となってできるような体制をつくることである。やってもらえなかったら、できる会計事務所に変わることも致し方ないと思う。

こう考えると本来良い会社とか悪い会社があるのではなく、結局は良い社長と悪い社長があるだけなのだということをつくづく思う。

創業以来、増収増益
――その秘訣は「スピード」にあり

平成二十年、二回にわたり東証一部上場企業である、㈱あみやき亭の佐藤啓介社長にお話を伺った。

インタビュアーは当社代表の髙井である。今回の面談は、佐藤啓介社長にＴＡＣＴ経営研究会の講師をお願いしたいという目的であったが、業務改善、ムリ・ムダ・ムラの徹底した排除など経営の参考となる点が多く、ここに掲載する。

（四月　㈱あみやき亭様本部にて）

髙井「先日、佐藤社長様の携帯にお電話させていただいたのが四月二日でしたが、ちょうど決算発表の最中で申し訳ありませんでした。三月末決算で、四月二日に決算発表って、このスピードには我々会計人はびっくりしますが、物理的に、また正確にできるものなんですか？」

佐藤「三月三十一日の十二時（一部の店は午前二時）に店を閉めてから帳簿を締めます。そして、午前九時には決算書ができあがり、それから監査法人にチェックしていただきます。四月一日に決算発表をしてもいいのですが、監査法人が、もし間違っていたら恥ずかしいことになるというので二日にしています」

（注）インタビュー当時は決算後第二営業日の決算発表であったが、平成二十八年現在では四月一日に決算発表をされている。

高井「そんな速さで上場企業の本決算が組めるというのは驚異的ですが、コツはなんですか」

佐藤「何事もそうですが、仕事は単純化、平準化、標準化、日常化していくことが大事だと思っています。そうたいしたことをしているわけではありませんが、ムリ、ムダ、ムラを排除するようにしています」

高井「そのような積み上げが、東証一部上場企業が、決算日翌日に決算発表ができるコツなのですね。すごいことです。今、うちの事務所も業務改善のためにプロジェクトをつくって、生産性を下げないで時短を進めようと取り組んでいます。この応接室の前にも、面談十五分以内と書いてありますね」

佐藤「ああ、そうですね。申し訳ありませんが、ムダを省くためにうちはお茶も出さないんですよ。ここの本部にいる人は、ほとんどパートさんですが仕事に来てもらっているのにお茶出しで時間を使ってもらっては申し訳ないので、お茶はある時から出さないようにしました。ちなみに経理も、ほとんどをパートさんが処理をしています。システムをしっかりとつくれば上場企業の経理でもこのようなスタッフでも十分にできるのです」

髙井「徹底していらっしゃるのですね。ユニクロの柳井社長もこう言っておられます。製品・商品をつくるのは、他のメーカーと同じです。しかし、違うのは決めたことを徹底的にやる。徹底の徹底が重要だと」

佐藤「当社は平成十四年に東証・名証二部に上場し、平成十七年に東証一部に昇格しました。今は若い三十代の経営者もよく上場されますが、何のために上場するのか。その目的が大切です。上場を目的にすると、会社にも、社長にも何十億円というたいへんなお金が入ってきます。若くしてそんな大金が入ってくれば、人間おかしくなります。これは、上場を目的にしているからで、目的が達成されてしまったから次の目標がないわけです。上場はあくまでも手段です。

私も上場しようとした時、証券会社から以前聞いていたのとは違い、かなり低い公募価額になると聞いて株式公開を遅らせようと思ったことがありました。妻に相談すると、『お父さんの夢は上場してお金を儲けることじゃないでしょ。志があるんでしょ。その志のためなんじゃないんですか……』と言われて、ああそうだ、と思い、翌日その価額でと証券会社にお願いしました。本当に妻には助けられています。

大事なのは社員、お客様。投資家には義務があります。上場してよかったことは、上場によっていろいろな人に会えることです。そして、いろいろな経験・勉強ができることとです。

また、お金は、本当に大切なものです。そして稼ぐと共に、お金の使い方も大切です。

八つの時に父が倒れて思うのですが、お金の使い方によって人格が決まると思っています。志ですよ」

高井「お金を稼ぐことは重要ですが、その稼いだお金の使い方はもっと重要ですね。

私は生まれた頃は裕福な家庭でしたが、時代の流れで生活保護を受ける少年時代を過ごしました。何気なく使うのではなく、お金も人生も社会的に意義ある使い方をしたいと思っています。また、人と人との出逢いは、本当に重要ですね。思想の高い人と出逢うことによって、自らが成長できる。人は出逢いによって変わる。全く同感です」

応接室には、あみやき亭の経営理念が貼られていました。

一、社員一人一人の人間的成長

二、お客様一人一人に喜んでいただく社会貢献

（六月　岐阜グランドホテルにて）

髙井「先日はありがとうございました。本日は岐阜までおいでいただき、食事をご一緒させていただけることはとても光栄です。

料理はもちろんそうですが、一番のご馳走は佐藤社長のような素晴らしい方から素晴らしいお話を聞かせていただくことです。

私の事務所では時短に取り組んでいます。早速ですが、あみやき亭様は業務改善の中で各店舗への配達はどのようにしておられますか」

佐藤「配達にかける運転手の一日の稼働時間は、正味五時間くらいです。すべて、業者に任せています。各店舗では大きな冷蔵庫は持たず、最少限の冷蔵庫にしている。これによって無駄な在庫は持たないということです」

髙井「それは車への投資も省け運転手を雇う必要もなく、冷蔵庫にかかる費用や車の管理、駐車場の問題から、保険などのコストもかからないし、特に人件費ですね。正社員が一日五時間以外の余った時間（アイドルタイム）を活用できるかどうかが、大きく生産性に影響し、会社の存続にもつながってきます。専門の人を雇うのはコストがかかり過ぎますね」

佐藤「そうです。特に人件費ですね。私の若い頃は今の若い人の三倍くらい働いていた。私の親父は新潟で獣医をやっていて、私が八歳の時に脳卒中で倒れ、それ以来元気な姿を見たことがありません。私は十五歳で住み込みで働きに出て、朝七時から仕事に出かけ夕方五時に上がって、学校に行ってクラブをやって、家へ帰ってから本を読んでいました。仕事も勉強も遊びも今の子の三倍くらいはやっていました。

中学の時は、高校生だと偽って建設工事のアルバイトばかりしていました。

この前髙井先生がお金の使い方が大切と言っておられましたが、今でも悔しい悲しい思い出があります。あまり人には話していませんが、私には姉がいました。姉は、小学四年生の時に心臓弁膜症だということがわかりました。十八といえば、本当に青春真っさかりの明るい希望に満ちた年齢ですが、病状が悪化し、手術すれば治るのに、家には手術するお金がない。姉は当時十九歳というこれからという時に亡くなりました。

お金さえあれば助かったのにと思うと、今でも悔しくて悲しくてたまりません（涙ぐまれる）。

今でも大和町（現在は、南魚沼市）へお墓参りに行きます。年を取ってくると、今あるのも先祖のおかげだと思えるようになりました。冬に行くとね、雪でお墓が隠れていて、手で雪を払うのです。手はとても冷たいのですが、心では清清しく温かみを感じます」

高井「私も父親が結核で倒れ、家が貧しく小学一年生から新聞配達をしました。お金がなくて悔しかった思いは一杯あります。しかし今あるのは、この経験が生きています。

ところで、佐藤社長様は新潟のご出身とお聞きしていますが、どうして愛知県にいらしたのですか」

佐藤「四歳違いの次兄が小牧で精肉の卸・小売りを三河屋という屋号でやっていて、忙しいので手伝いに来てくれと言われ、お袋もそうしろと言うので来ました。のちにゲオ（東証一部上場企業）の創業者である遠藤結城さんも一緒に働いていました」

高井「そうですね。若い時にどんな人に出逢うか、どんな本を読むかによって人生はずいぶん変わってきます。私はいかに素晴らしい思想の高い人に出逢うか、そしてその素晴らしさを理解できる自分を創っていくことができるか。それが重要だと思っています」

佐藤「そうです。非常に怖いのは当たり前が怖い。何の疑問も持たない。危機感がなくなる。当社はおかげさまで今は無借金経営なので銀行さんは来ません。社員や役員は全然危機感を感じていない。お金がなかった時、本当に苦しい思いをして経営を続けてきた訳で、お金のありがたさ、お金のない苦しさを社員・幹部が知らないのが心配です。私はA型人間なので何だって自分でやろうとするが、組織が大きくなると、とても全部は自分ではできず、人にやってもらわざるを得ない。ここで諦めなきゃいけないと、思うようにしています。高井先生のこの本『成功するまでやり続ける（致知出版社）』を読ませていただくと、何でも完璧にやろうとしておられる。それだけ完璧におやりになるとお疲れになられるでしょう。

私は昔から司馬遼太郎が好きで、特に『坂の上の雲』や『峠』が好きです」

高井「全くその通りです。会社が小さい時は全て自分で行うのですが、会社が大きくなると、任せざるを得ない。ガマンして任せることが重要ですね。それと共に、結局人をどれだけ育てられるかどうかですね。私も『坂の上の雲』をお金もない生活保護を受ける中で父親が買ってくれ、何度も読んでいました。読むたびに新しい発見があります。経営者っていうのは、いつも孤独で裏切りに遭うことも多いと思いますが」

佐藤「経営者は裏切られることが多いです。力のない人間は、力のある人間を裏切ります。裏切った人は、その時は得をしたと思っていますが、結局は世の中を狭くしています。しかし、だんだん気にならなくなってきます」

高井「まさにその通りです。当社では毎週月曜日の朝七時半から、任意で『思想研修』を行っています。人間、考え方が大切ですからそれがぶれないようにやっています。当社は創業以来、ＴＡＣＴ経営研究会というお客様向けの勉強会を主宰しています。子供でも経営者でも、勉強しなければいい点はとれません。ＴＡＣ

Ｔ経営研究会は、中小企業の経営者のバックアップのため、各界から志をもった方に講師をお願いしています。ぜひ佐藤社長様にご講演いただきたくお願いします」

佐藤「たいへんありがたいお話をありがとうございます。しかし私は社長になった時に決めたことが三つあります。一つは外車にのらないこと、一つは社長室を持たないこと、もう一つは、講演をしないことです。講演は、社長を辞めてからならやります」

髙井「私は、今まで講師を依頼して断わられたことがありません。佐藤社長様が会長になられた時、講演をしていただくことをとても楽しみにしております。その時は、ぜひ宜しくお願いします。本日は誠にありがとうございました」

（文責：ＴＡＣＴ高井法博会計事務所常務取締役　和田　康子）

「先行管理の定着」で常勝軍団をつくる
――経営計画必達の管理システム

私は常々、人生や企業経営で成功しようとするならば、熟慮の上で「正しい明確な目標の設定」をすることが重要であると考えている。

事業経営でいうならば「経営計画書」の作成であり、この必要性をことある毎に訴え続けてきた。その結果、若手経営者を中心に多くの企業が経営計画書を作成し、短期間に飛躍的に業績を伸ばし、なかには上場を目指す経営者も現れた。

真に目標設定は人を意欲的にし、言うことも首尾一貫させる。経営計画の作成とその計画実現のために、必死に勉強し仕事に励むことにより、更に経営者が成長する。

しかしながら、いくら経営計画書を作っても、その通りいくことは稀である。未達成の原因はいろいろある。創意工夫し目標を達成していく経営者がいる反面、ダメな経営者や幹部は、気象や景気動向、国際情勢、果ては政治のせいにし「○○だからダメだった」「頑張りましたができませんでした」と他責にする。このような言い訳がまかり通っていては、目標達成は夢のまた夢で、経営は成り行き任せとなってしまう。

一、先行管理の必要性

成り行き任せの「他力本願の経営」から、計画的に業績を上げる「自力本願の経営」に変革をする。

目標達成という結果責任を、経営者や幹部・社員一人ひとりが果たしきる仕組みづくりを推進するために経営計画書を作るのであり、その仕組みに基づく企業活動によって業績を計画的に創造することこそ優良企業への礎《いしずえ》となり、本来のあるべき経営の姿となる。経営現場でどう具現化し運用していくかの成否が、企業存続をも左右する経営力の格差となる。

この場合、販売と生産、財務における先行管理の有機的連携が必要となり、経理、総務部門などの間接部門をも含めた各部門が連動した業績先行管理体制づくりが必要である。

マネージメントの管理レベルには大きく分けて三つある。

第一に「遅行管理」（結果管理）。決算にならねば業績は解らないレベルで、結果が解っても手遅れになるケースが多い。

第二は「同時管理」（プロセス管理）。予算が立てられ前年対比や予算と実績との管理ができて、先月のことが今月解るという現状管理ができる、かなり高度なレベルである。

そして第三に「先行管理」（未来管理・原因管理）。業績を生み出す要因、基盤の管理が徹底でき、三カ月、半年、一年先の業績を見通し、計画差額の挑戦実行システムで、計画達成ができる最も理想的なレベルである。業績を計画的に創造していくために結果管理だけでなく「一年先はこうだ」と明言できる先行管理経営が企業に求められる。着地を読み抜き目標とのギャップを定量的に見極め、差額を埋めるための手を今打たねば我が社の未来は保証されない。

二、業績先行管理の基本的な進め方

①まず目標を設定する……時の流れ、業種業態その他の諸条件を入れて数値目標を決める。

②先行管理期間（六カ月・一年というように）を設定し、目標総額に対して「差額０」に挑戦していく。

③差額（真の目標）を掴む……先行管理期間の目標に対し、現有取引先・現有商品等から計算のできる当確売上累計を控除した「先行累計目標差額」こそが、先行管理における「真の目標」である。

④差額を埋めるための方策を考える……情報管理を徹底し埋めるための「ネゴ」（情報）をいかに多く集め成果につなげるかである。この場合「先など読めない」と言ってしまっては先行管理ができない。読めない先をいかに読むかが「計画的に業績を上げる」第一歩となる。実現のために各種管理フォーマットを作りシステム化する。

⑤実践行動と先行管理システムを定着させること……先行管理は、累計差額を埋める

ことが目的で日常活動と切り離しては考えられない。先行管理は「先を読み先に手を打つ、先手必勝のマネージメントシステム」である。

何事も先手必勝前半主義に徹し、前半にピークを持っていく。一年は十二カ月あるが九カ月で考える。残りの三カ月は今年未達成のフォローと、来年への種まきとし、月間予定は、前半の二週間で成果を挙げる。一週間のうちでも、月～水で成果を挙げる。一日でも午前中に成果を挙げる。

一日決算主義を意識する。一日でいくら稼がなければならないかを全社員に解らせる必要がある。例えば、月間目標一千万円なら、一千万円／二十三日＝四十三万五千円となり、一日で約四十五万円の売り上げが必要となる。これを理解させ、日々どうだったかをチェックさせる。

東証に上場している企業の㈱あみ焼き亭は、決算期日の翌日、四月一日に決算発表をするという。これを可能にしているのが日次決算で、創業以来二十一年間で狂牛病の時とリーマンショック時を除いて増収増益を続けている。先行管理は商品売り上げをベース売り上げ・スポット売り上げ・新規売り上げで管理していくと同時に、得意先の数を増やさねば経営は安定しない。

これは、見込管理シートに記入しチェックして潰していくことである。この場合、目標差額の三倍のネゴが目安である。優秀な企業は、月次決算を三日以内に出せる管理能力を備え、「半年後の計画数値と現状の延長線上にある着地予測とのギャップ」を正確に割り出し、今打つべき手を的確に押さえ実行できる。

三、「意識改革」の浸透

結局何をやるのもそれを**実行するのは「人」**であり、**「目標は必ず達成する」**という強い決意・意志と実行力がなければ達成はない。先行管理についてもこの「意識改革」を社内に浸透させられるかどうかにかかっている。

「徹底」することと「継続」することの重要性

――お客様で組織する異業種交流会　三十周年に想うこと

毎年新年に、お客様向けに目標ポスターを作る。理念・方針・年次目標を明示する中小企業は少ない。この重要性の呼び水の一つとして、これをお客様の事業所に掲示していただき、全社員で唱和するなど衆力を結集した経営の一助として活用いただいている。以下、平成二十六年度の目標のうち二つについての解説と、創設三十周年を迎えたＴＡＣＴ経営研究会について感じるところを述べてみたい。

一、「徹底」することの重要性

「良い会社」は、決めたことの「徹底度合い」が違う。「徹底の徹底」を図り、「超優良企業」をつくろう。

良い会社とそうでない会社は何が違うのか？　平成二十六年度に過去最高の売り上げ・利益を上げ、独り勝ち企業の㈱ユニクロ柳井社長は「ユニクロも他の会社もやっていることはほとんど一緒です。何が違うかというと『徹底度』です。私は物事を徹底的に徹底する。決められたことをやり切り、安易な妥協を廃し、徹底できる人間を幹部に登用していく」「悪い会社は、いいかげんにやっていたり、やっているふりだけで終わっている。良い会社は徹底的にやり、それでも満足せず、全員で更に上を目指している」と言っておられる。

また、実質日本最大の会計事務所・㈱日本経営の小池名誉会長に、「日本経営成功の要因は？」とお聞きしたところ、その答えは、**「『戦略×人的要因×管理要因』で、まず戦略が正しく、次に人的要因『嫌われるのを厭わず、口うるさく指導できる幹部が何人も揃ったこと』と、管理要因『決められたことをやり切る管理が、会社の風土となったこと』」**と言われる。

どの会社もいろいろなことを話し合って決め、指示を出す。しかし、ほとんどの会社が、その決められたことを実行せず、中途半端にし、その結果、問題が起き、大きな損失が生じ業績は悪化する。実践行動こそ全て。経営は「実行」であることを強く留意すべきである。人間の知性と行動の選択は全く別ものであり、陽明学の奥義「知《ち》行合一《こうごういつ》」を強く意識しよう。

二、継続することの重要性

高井会計の創業から三年ほど経った時、「高井会計とお客様」という関係だけではなく、多くのお客様と共に経営に関するいろいろな勉強会を継続的に開催し、お客様同士も互いに経営のノウハウを交換しあい、経営者でしか理解し合えない悩みを相談できる場所があったら、そして、お客様同士でお取引をいただき、互いに助け合い成長発展できる仲間作りをしたいと思い、異業種交流会「ＴＡＣＴ経営研究会」を作り、今年で三十七年を迎える。

この間、年十回ほど各界の〝本物〟と呼べる講師を招いての講演会も年内には通算三百五十回を超え、年一回の国内国外への研修旅行も三十回以上積み重ねてきた。この会には、医師、弁護士・弁理士・不動産鑑定士・司法書士・土地家屋調査士等の各種有資格者をはじめ、元銀行役員や元警視正・元官僚等、経営を取り巻くあらゆる問題や健康管理にまで対応できる実力ある方々に顧問をお願いしている。また、ボウリング大会やゴルフ大会等、多種多様な事業を展開し続けてきた。

昭和五十六年六月三十日、岐阜グランドホテルでの創立パーティーで、ある経営者から「創設以上にこれからが大変ですよ！」とお祝いと共に言っていただいた言葉を年を経る毎に強く実感した。幾度となく「もうやめよう」と思った。しかし、学んだことを経営に取り入れ、大きく発展していかれる経営者や、陰日なたなく業務を進めてくれる事務局長をはじめとする社員のおかげで、気を取り直し今日まで続けてくることができた。

中国の故事に「創業は易く守成は難し」がある。二年や三年の継続はできるが、二十年、三十年と年々成長させながら継続させていくことは並大抵ではない。

三、成功の秘訣

一番は「正しいこと」が大前提で、それを「成功するまでやり続ける」ことである。通常のことは他人の倍やればできる。しかし九十九％の人は諦めてしまう。歩みを止めた瞬間に「負け」が始まる。すなわち、人生の結果は、自分が選んだ判断行動の関数で導き出される。正しい実行を「成功するまでやり続けること」ができれば、失敗はあり得ない。

「十年　偉大なり」
「二十年　畏るべし」
「三十年　歴史となる」
「五十年　神の如し」

お客様も我々もＴＡＣＴ経営研究会も、自利利他の精神を根底に、社会・国家・お客様・社員その他多くの方々にお役に立つ仕事を通し、今後五十年、百年と未来永劫続く組織をつくっていこうではありませんか。精一杯勉強し、己を磨き鍛錬することである。そのためにこのＴＡＣＴ経営研究会がある。

「決めたことをやり切る」組織のつくり方

――決めたことの徹底度合いが高収益企業をつくる

事業経営を続けていると日々次々といろいろな問題が起こる。これに対応するために、皆が集まり対応策を検討し生き残るための方策を決める。そしてこれを実行に移す。どの企業もここまではほぼ同じステップを踏む。しかし、多くの企業ではなかなかこれが徹底されない。危機感を共有しない甘い幹部が、現実を変え自らが参画した会議で決定した「会社を良くするための方策」を、自らが統括する経営の現場で、変革をいやがる部下の抵抗や、優柔不断な性格からその実行を一日延ばしにすることで、変革が進まずズルズルと業績を悪化させる。

当社は創業以来、経営計画書を作成している。当初はすべてを私が作成し皆を引っぱったが、今では私が大方針と戦略を作成し、各部門の戦略や具体的実施事項については各部門の責任者が部下及び関連する部署と詰めて作成している。さらに何度も私と打ち合わせ、文案を練った後に経営計画書に記載される。

いわばその内容は私とコミットメント（約束）をしたものである。しかしながらその実践には雲泥の差が出る。そこが部門業績に大きな差となって現れる。この「約束したこと」「決めたことをやり切る体質」が、結局黒字企業と赤字企業の決定的な違いとなる。この経営計画書に明示されたことと「決めたこと」「約束したこと」の「実践」がなされるかどうかにかかっている。

一、「良い会社」は、決めたことの「徹底度合い」が違う。「徹底の徹底」を図り、「超優良企業」をつくろう

当社のいくつかのスローガンの中にこれがある。ご多分にもれず当社のいくつかの部門においても経営計画が達成できない部門がある。今年はこの「決めたことをやり切る体質をつくる」ことに不退転の気持ちで執念を持って取り組む。そのためにいくつかの徹底をする。

①会議終了後一時間以内に議事録を作成し、会議責任者のチェックの上、全員に配布し貼り出す。会議は、前回の会議で決定した事項および宿題の確認から始める。どんな会議においても議事録を残すことが、決めたことをやり切る体質のスタートとなる。問題点に対する具体策と担当、期限の設定等決めたことを明示する。

②決めたことは○月○日何時までと必ず期限をつけ、常に厳しいチェックをリーダーが行う。……期限のない仕事は緊張感に欠け、すべてが中途半端で終わる。期限の付け方こそリーダーシップそのもので、目標達成を大きく左右する。

③毎日のミーティングを必ず実施する。これは、部下を育てるマネージメントの基本である。具体的指示・軌道修正を日々行い「決めたことをやる」クセをつける。これによりリーダーも成長する。

④リーダーは朝の課内ミーティング・夕方の報告・人を見て日中の助言指示、このような一日三回の「これでもか!!」というくらいの確認・アドバイス・レビューを行い念押し、マネージメントを徹底することが求められる。目標とは年間・半期・四半期（三ヶ月）・月間・週間、最後は一日単位にまで目標を細分化し、徹底するこ

とが求められる。

⑤決めたことをやり切る体質をつくるには、仕組みやシステムをつくることも重要だが、一番重要なことは、「決めたことを管理者自身がやり切っているかどうか!!」である。「決めたことをやり切る体質そのものが、企業力そのもの」となることを幹部が理解する必要がある。ＩＴの活用、様々な管理システムが立派でも、どんなに時代が変わっても、管理者が「口うるさい上司」「嫌がられる上司」になって、剛腕で決めたことを自らがやり、組織に変革を強要していかない限り、決めたことをやり切る組織や体質は永遠につくれない。その結果が一流企業か三流企業かを決定する。たった一度しかない人生、ひるまず、逃げず、徹底の徹底を図り、一流企業を目指そうではありませんか。

積小為大《せきしょういだい》

――二宮尊徳翁銅像建立に寄せて

ＴＡＣＴグループの中核企業である高井会計は、平成二十三年に創立三十五周年を迎えた。

この年は東日本大震災が起きた年であり、特別な記念事業は行わず、被災者への寄付を行うこととしたが、これとは別に三十五周年を記念して何か一つ我々の生き方・考え方、志を示すものを形として残したいと思っていた。かねてより長い間風雪に耐え、我々を見守ってこられたかつて小学校の校庭にあった二宮尊徳像を設置したいと思いほうぼうを探したが見つからず、新たに造ることを決意した。

年の瀬も押し迫った平成二十三年十二月二十六日、社内でささやかに二宮尊徳翁銅像建立除幕式と併せ、平成十七年から私の事情が許す限り、任意で月曜の早朝七時三十分から八時四十五分まで、京セラ㈱稲盛名誉会長の講演テープ等を中心に聴き、そのあと皆が意見を発表し、私が解説をする思想研修会の二百回を記念したイベントを開催した。

一、二宮尊徳翁銅像建立への想い

高校を出て十二年間の会社員時代、会計事務所を開業してこの時点で三十五年、計四十七年間、実業の世界で生かされてきた。開業当初から経営計画書に、理念、方針、何のために事業を興し、人生どう生きるか！　を明示し、今日まで必死にその理念目標達成に向けて努力を続けてきた。当初は、社員の給与を中心とする経費の支払い、そして自分たちが食べていくことで精一杯であったが、お客様のご支援と社員の頑張り、そして、私自身も精一杯勉強し、人の二倍三倍駄馬に鞭打って頑張り、おかげさまで現在のような高井会計を中心とするＴＡＣＴグループへと成長させていただくことができた。

その間、本来の会計事務所業務に精励すると共に、いろいろな事件や出逢いを体験するなかで、さまざまな企業や人間の盛衰を見てきた。そして、自分自身も多くの失敗と成功を体験し悩み苦しみ、逆に喜び楽しみを味わってきた。そんな中から、税務、会計と共に事業を未来永劫発展継続させ、お客様の期待に応え、社員の生活を守っていくために、また一度しかない人生を生きていくためには、常に「どのような生き方が正しいのか」「何が正しくて何が悪いのか」「人間はいかに生きるべきなのか」といった生きる意味、人間のあるべき姿を追求するようになってきた。

そんな中でお逢いする多くの素晴らしい方々が二宮尊徳翁の報徳思想について語られる。報徳思想とは二宮尊徳翁の思想全般をいい、すなわち「至誠の心（真心）」を基礎として「勤勉」「勤労」「分度・推譲」を「実行」することを教えている。その実践思想は、明治になって渋沢栄一、安田善次郎、豊田佐吉、戦後は松下幸之助や土光敏夫、稲盛和夫氏をはじめ代表的な事業家に多大な影響を与えた。

当TACTグループの生き方もまさに同じであり、この銅像の台座の銘板には「積《せき》小《しょう》為《い》大《だい》」の文字と共に、建立の目的を次のように記した。

「TACTグループはお客様の『ビジネス・サポート業』『情報発信基地』『社外重役』として、お客様の経営体質の強化と健全経営の実現に寄与し、さらに当社の発展と全社員の物心両面の幸せを勝ち取り、もって国家・社会の発展に貢献することを共通の使命とする。そのために、強い精神力・迅速な決断力・洞察力を練磨し、心を高めいかなる環境においても『自利利他』の高い志に基づく正しい判断力を身につける。さらに、互いに切磋琢磨し、誰にも負けない誠実な努力と他を圧倒するほどの勉強をする。

この基本姿勢を常に忘れないために、税理士法人TACT高井法博会計事務所創業三十五周年を記念し、二宮尊徳翁の像を建立する。

平成二十三年十二月二十六日

TACTグループ代表　高井法博」

次に、二宮尊徳翁の遺されたいくつかの素晴らしい名言について紹介をしたい。

二、積小為大……大事をなさむと欲すれば小なることを怠らず勤むべし

千里の道も一歩から始まる。一株ずつの田植えがあって豊穣の収穫がある。すべては一から始まり、その積み重ねで大きな事業が達成する。二宮尊徳は幼少の頃に父母を亡くし、一家は離散貧困と不幸のどん底の中で伯父の家に引き取られ、昼は伯父の仕事を手伝い、夜は遅くまで読書を続けた。これを伯父から油が減ると責められ、友人から一握りの菜種を借りそれを自宅の空き地に蒔いて大量の菜種を収穫し、それを油にかえて深夜まで学問をした。

チャーチル元英首相は数々の名演説で多くの人を奮い立たせたが、演説の天性に恵まれたわけではなかった。若い頃、原稿を練り上げ、鏡の前で練習に練習を重ねた。後年チャーチルの息子は父の演説を絶賛されるとこう応じた。「当たり前ですよ。父は人生の華の時代を演説の草稿書きとその暗記に費やしたのですから」と。

「一尺の堀を越えんと思わん人は、一尺五寸を越えんと励むべし」。浄土宗開祖法然の言葉である。いざという時百%の力を出すには、普段から百二十~百五十%の練習を積み重ねていないと、本番で実力は発揮できない。事業も人生も成功する人は成功

するべくして成功している。小さな努力の積み重ね（正しいこと、良いことを徹底して継続すること）が、やがて大きな発展成功に結びつく。小事を疎かにして、大事をなすことはできない。

三、道徳なき経済は犯罪、経済なき道徳は寝言

世間を賑わした大王製紙の特別背任、オリンパスの損失隠し、ゲオホールディングスの不祥事等はコーポレートガバナンス（企業統治）の重要性が改めて注目されると同時に、企業及び経営者のモラルが問われている。

これは渋沢栄一翁の言う「論語と算盤」、稲盛和夫氏の「京セラフィロソフィーとアメーバ経営」とまさに同意義で、聖人君子の如く、精神論のみで利益の出ない経営を否定し、正しいあるべき姿で、義にかなった利益の追求を肯定している言葉である。

四、思想（考え方・生き方）研修会

以前、人生の師の一人である京セラ㈱稲盛名誉会長が主宰される盛和塾に出席した

際、「事業経営を行っていく上で、本業の知識、技術等能力的な勉強は欠くことはできないが、それ以上に会社の理念・方針・考え方の勉強が重要で、能力的な勉強は幹部に任せ、この考え方の勉強を経営者が行うべきであり、その教材として京セラフィロソフィをぜひ活用されるとよい」と言っていただいた。

教え通りに平成十七年十月十七日に第一回目の思想研修会を開催し、平成二十三年十二月二十六日に、二百回目を迎えた。正直激務の中でよく六年二カ月間、二百回も続けられたと思う。この開催のために前日の日曜日には教材のテープを三〜四時間かけて筆耕し、当日は遅れてはいけないと五時少し過ぎに起きて出社した。

嬉しいのは多くの社員が一歩一歩成長していることが実感できることである。「人間として正しい生き方・考え方。事に当たって、誤りない判断と対応」で、あるべき姿で問題を解決できる力を身につける。どこに出しても恥ずかしくない社員、実力のある世のため、人のためになる素晴らしい社会人、立派な日本人をつくる。

かつて東京市長として関東大震災後の復興に取り組んだ後藤新平は、「事業家は金を残して死ぬのは下だ、仕事を残して死ぬのは中だ、人を残して死ぬのは上だ」と教えている。私も近い将来、このＴＡＣＴグループを社員に託していかねばならない時期に入ってきている。

お客様の期待に真に応えられるＴＡＣＴグループに、また、多くの社員とその家族の生活を守り、名誉とプライドを持ち、会社を未来永劫発展させていく、会社を担っていける社員をつくらねばならない。

思想研修会はまさにこのために重要な一つとして行っているものである。

（注）　現在この思想研修は十一年続き、三百三十回を超え続行中である。

企業の黒字化率の変遷と、勉強することの重要性

――正しい判断をするためには、勉強は不可欠

国税庁の発表では、平成二十七年度の日本企業の黒字割合は三十・六％となった。

歴史的に見ると、昭和三十年代は高度成長時代に入り今とは逆に七十％が黒字で、昭和四十年代も六十％以上が黒字であったが、昭和四十八年の第一次オイルショックを受けて昭和五十年には五十％台に突入し、昭和五十年後半から昭和六十年代には四十五％前後となった。

平成に入り、バブル景気時には一時五十％台に回復したが、バブル崩壊後の平成四年に再び四十％台となり、平成六年には三十％台に入り、平成二十年のリーマンショックから二十％台に突入し、以後連年下がり続けていたが、アベノミクス効果もあり近年回復基調となった。

そんな中で当社のお客様の黒字割合は全国平均の二・三倍を達成することができた。この第一の要因はお客様の大変な努力の結果ではあるが、当社のいくつかの経営支援業務が多少なりともお役に立ったのではと自負している。そのいくつかを列挙してみると、

①月次巡回監査を通した月次決算の実施率九十三％。

②経営計画の作成指導を創業以来強力に行い、これを基に、予実チェック、先行管理体制を指導させていただいている。経営計画を作成している企業は八十％を超える黒字化率となっている。

③年間六十回を超えるセミナー、勉強会を開催し、経営者自身が勉強し、学んだことを実践に移される。それと共に、素晴らしい講師やポジティブな経営者同士の出逢いは大きな触発と影響があり、自己を成長させる機会となっている。

ちなみにお客様でつくっていただいている異業種の交流会であるＴＡＣＴ経営研究会で勉強しておられるお客様は七十六・八％の黒字で、役員については八十二％が黒字となっている。勉強する経営者は伸びるという証でもある。

第五章

我が人生に悔いなし

人生は出逢いである

――われ以外、皆わが師

現在までの自分の人生を振り返ると、本当に多くの人と出逢い、また別れてきた。果たして、そのうちの何人と「一期一会」の覚悟で出逢い接してきただろうか。

人と人との出逢いは運命的である。もし、あの時㈱後藤孵卵場創業者の後藤静一氏と出逢っていなかったら、高校で福井清兵衛先生と出逢い褒められながら簿記を教わっていなかったら、自分の人生はまるで違ったものになってしまっていただろうと思う。

幸運にも、物心つく頃から生活保護を受けなければならないような何もない中で、本当に多くの方々に助けられ、教えられ、生かされてきた幸せを感じる。誰もが人生において多くの人に出逢う。しかし、せっかくのその出逢いを自らの人生に活かす人がどれだけあるだろうか？

一、人生は「一期一会」である

「そもそも、茶の交会は、一期一会といいて、たとえば幾度おなじ主客交会するも、今日の会にふたたびかえらざる事を思えば、実に我一世一度の会なり」

一期一会とは、井伊直弼《いいなおすけ》の著書『茶湯一会集《ちゃのゆいちえしゅう》』の中に出てくる熟語である。一期とは生涯、一会とはただ一度の出会いということである。

過去に何度も会っていたとしても、今日のこの機会は二度とない一生一度の出逢いなのだ。同じ人に再び会えるという保証はどこにもない。従って一期一会は、「会った時が別れの時」となる。果たしてどれだけの人が出逢った多くの人達と、一期一会の覚悟で出逢いを持つことができただろうか。

私自身の会社員時代、その後創業し会計事務所を中心に十二の会社を経営し生きていく過程において、何度もやめたいと思ったことや、ああ、もういやだ、とすべてを投げ出してしまいたい時があった。しかし、そこで投げ出してしまったら、おしまいである。辛いから投げ出す、疲れたから放り出す、そんな姿勢では大した仕事も大した事業もできるものではない。こんなことは解っているのに、多くの人が、できない、やれない、もうだめだ……と挫折していく。苦しいからである。辛いからである。苦しさ、辛さと戦い、逃げていく、敗れていくのである。

過去、私は様々なビジネスマンの昇降格、栄転左遷、多くの企業の興亡、栄枯盛衰を見てきた。あんないい企業が……、あんな立派な人が……、複雑な思いで、その蹉跌を見送ってきた。どんな企業にも、どんな人間にもつまずきはある。つまずいて立ちあがるのと、つまずいて倒れたまま立ちあがらないのとの差は紙一重である。人は問題が起きるとその問題を避けて逃げる人と、その解決を一日延ばしにする人と、逃げないで真正面からその問題に対峙し、その問題を解決するための行動を起こす人とに分かれる。

私はこのような場合、問題解決のためのチャート、TACT法を取り出し問題の分析と解決のための参考図書や文献、解決に向けて有益な助言や具体的に力を貸していただける人脈等をリストアップし、時間軸で行動を開始する。

二、出逢いを人脈にする極意

成功者は、成功する特性、成功哲学を身につけている。

その一つに素晴らしい人脈がある。成功者は常人から見たら気が狂っているのではないかと思うほどの熱い情熱と熱意、執着心。誰にも負けない「これでもか!!」というくらいの努力。迅速な実践行動力。粘り強い何が何でもやりあげると言う岩をも通す貫徹力がある。このようなポジティブな人間は、前向きな求道心がある。互いに響き合うものがあり、若い無名の時代から、日本の政治や経済を動かすような人々と知り合い、互いに触発し合いながら共に成長していく。

しかし、多くの人は互いに引き合うものもなく、せっかくの人と人との出逢いを活かすことができず行きずりの人で終わる。出逢いを人脈にまでする極意は、テクニックではない。打算で相手を利用しようとして近づいても相手は見事な嗅覚でこれをかぎ分ける。まず「自分自身を鍛え本物の人格と実力を持った自分自身をつくることである」。そのためには精一杯勉強をし実力をつけねばいけない。いくら調子が良くなっても決して慢心をしない。謙虚で誠実で、礼儀正しく、自己中心的発想から脱却し、「利他」の精神で、真に相手の幸せを願う人格を身につける必要がある。それであって言うべきことは言い、やるべきことはやる。相手にとって付き合うだけの価値ある常にポジティブな自分である必要がある。

三、愚者は経験に学び、賢者は歴史に学ぶ

この言葉はドイツの鉄血宰相ビスマルクの有名な言葉である。「愚者は自分で失敗し初めて失敗の原因に気付き、同じ失敗を繰り返さないようにしようとするが、賢者は歴史や過去の他人の失敗から同じ失敗をしないように学び行動をする」

素晴らしい本物の出逢いと人脈、多くの師の教え、立ち居振るまいを見て自分のものとする。また、いろいろな人と逢い行動を見て話を聞き、本も読む。その瞬間瞬間は生涯に二度と訪れない大切な時、機会だととらえ、そこから何かを吸収する。正しいこと、正しくないことを判別し、真似るべきこと、真似てはいけないことを明確にし、メモをする習慣を身につけ、自らのソフトウエア、行動習慣に定着させる。互い

に同時代に生きた人間同士として、一度しかない人生を素晴らしいものにしていこうではありませんか!!

まさにあらゆる事象、出逢いは「われ以外、皆わが師」である。

成功するまでやり続ける

――体験的に身につけた成功哲学

一、少年時代に培ったハングリー精神

不器用で小心者の私が、学生時代には思いもしなかった税理士の資格をとり、三十一歳で会計事務所を開業し、今年で四十年を迎えることとなった。奇《く》しくも今年古希を迎えることとなったが、あっと言う間の七十歳である。

省みれば、人生はまさに「一期一会」「邂逅」である。

小学校に入学して二、三日目に、担任の村井艶先生から国語の本読みを当てられ、母親が教えてくれたように、大声でゆっくり読んだのを誉められ、勉強が好きになったこと。

生活が厳しく生活保護を受け、小学校の低学年から新聞配達をしていたのを不憫に

思ってか、担任の篠田好先生が自宅の玄関で待っておられ、隣の駄菓子屋へ連れて行ってくださり、時々アイスクリームやパンを買ってくださり励ましていただいたこと。

なかでも少年時代の大きな出逢いは中学三年の時、父が病で倒れ高校進学も断念した時、母親や先生の骨折りで人生の師であり大恩人の㈱後藤孵卵場の創業者後藤静一氏に出逢ったことだった。

学生寮をつくっていただき、学費から生活費、小遣いまでの一切の面倒を見てもらい昼間の岐阜県立岐阜商業高校を出していただいた。そして、卒業後会社に入れていただき、ヤル気だけはあるがドジで失敗ばかりする不完全な私を関連会社の経理、総務、企画室、社長室の責任者として次々と抜擢しいろいろな仕事をさせていただいた。まさに**仕事を通して成長できた**と実感する。

仕事をしながら取得した税理士の資格だけを頼りに、お許しをいただき開業した。開業後もサラリーマン時代同様、睡眠時間を四〜五時間にし、遮二無二《しゃにむに》働き勉強もした。

私の著書『成功するまでやり続ける』にも何度も出てくるが、小さい時から貧乏で、自分はもちろん両親のやることなすことすべてがうまく行かず、何故自分達ばかりがこうなんだと不遇を嘆き呪った。このような「他責」で、後ろ向きなネガティブな考え方は、就職して数年後まで時々頭をもたげた。

両親は共に裕福な家に生まれ、母は僧職である父と結婚し平穏な生活を送っていたが、戦後社会の激変期――農地解放――にうまく対応できず体調を崩し極貧の生活を余儀なくされ、遂には生活保護を受けざるを得なくなった。

気が弱く内弁慶《うちべんけい》な私は、何処にも持っていけないやるせない鬱積《うっせき》した気持ちを、病気がちの両親にぶつけた。両親は、私のそのような言動に対し、なけなしのお金と労力でできる限りの範囲内で応えようとしてくれた。今では誰よりも両親が苦しかっただろうと思う。

貧乏ではあったが、教育には理解があった。両親は自分たちが食べなくても、必要な文具や教材は買ってくれた。小学生の時から小学生新聞や中学生新聞もとってくれた。様々な偉人の伝記も多く買ってもらった。いろいろな和尚さんの話も聴いて育った。本を読み、良い話を聴いて、希望を持つことも時々あった。暗い後ろ向きの性格の中にも、こういった本や話から前向きな考え方も吸収していった。

伝記を読む時は主人公に自分が乗り移り感激し、「私もこうなりたい、そのために一所懸命努力しよう。そして『皆を見返してやろう』『両親の悔しい想いや無念さは、俺が高井家を再興し晴らしてやる』『今に見ておれ！』」と、強く思った。

私には貧しさに耐えた少年時代に培った「ハングリー精神」が、体に染みついている。考えるに、貧しさは自分が成長するための肥やしで、神様が私に与えてくれた試練であったと思う。

二、勉強していないと不安で不安で仕方がなかった修業時代

高校を卒業し、大恩ある㈱後藤孵卵場に正式入社した。

「今日から学生生活にピリオドを打ち経済社会に入る、これからは自分の力で道を切り拓き食べていかねばならない。そのためには皆と同じではいけない、他の人より抜きん出る必要がある。少なくとも人並み以上の勉強と努力がなければ勝てない」と思った。

最初の給与の半分は生活保護を受けていた両親に送った。残りの半分は、かねてより何度も何度も足を運び選んでいたビジネス書と自己啓発の本十冊の購入費に当てた。父は生活費にこと欠く中でも毎月何冊もの本を買っていた。この血を受け継いだのかもしれない。

とにかく自分の稼ぎで本を買えるようになったのが嬉しかった。これ以後、毎月給料日に本屋に行くのが習い性となった。そしてこれらの本をむさぼり読み、本にのめり込んだ。

これを自分のものにしたら勝てる。体得しなくては損だ。重要なところにはアンダーラインを引き、良いと思う本は何度も何度も読んだ。その度に、黒、赤、青、マーカーペンと色を変えて線を引いた。そしてノートを作り抜き書きをした。

この他にも、お金を節約し、良いと思うセミナーには有給休暇をとって参加した。そして、極力自分の行動に落とし込むようにした。成果が出て、会社でも認められ役職にも付き給与も上がった。

自分が前向きに自責でポジティブになっていくのが実感できた。そうすると友達や、付き合う仲間もそのような人が多くなってきた。不思議と多くの素晴らしい先輩や人生の師に出逢え、それらの人々からご指導をいただけるようになり、陰に陽になって助けられ引き上げていただけるようになった。その後、開業してからもこの「クセ」は加速した。

㈱ＴＫＣの創業者飯塚毅先生、日蓮宗の竹内日祥上人、京セラ㈱創業者の稲盛和夫名誉会長、日立キャピタル㈱中興の祖・花房正義名誉顧問、その他多くの人生の師とお逢いした。こういった方々の周りにはスゴイ人々がさらに集まっていて、大変な触発を受けた。

何もない中で開業しただけに欲しいものは後まわしにし、あらゆるものを節約しいろいろな講演会に出てほとんど最前列で聴いた。必死に捻出した大事なお金と、貴重な時間をかける。この機会、瞬間は二度とないとの覚悟で受講した。

今は亡き、㈱日本話し方センターの江川ひろし先生に「貴方はまさに真剣勝負、鬼気迫る様相であらゆるものを吸収しようと受講している」と言われたが、言われた通り必死にメモし受講した。テープが録れる時はテープを録り、自分が出席できない良いセミナーには代理を出しテープを録ってきてもらった。市販のテープやビデオも良いと思うものは買いまくった。そしてそれらはまず、机の上に置きメモをしながら聴いた。その後、良いと思うものは車の中で何度も何度も聴いた。

これらの本やテープの中から素晴らしいと思われる人には、手紙を出したり電話をかけ、また人を介し逢いにも出かけた。その素晴らしいお話はお客様にもぜひ聞いていただきたいと月に一回の勉強会を主宰するようになり、三十七年たった今、三百五十回近い勉強会を主宰したことになる。

ＪＣやライオンズクラブ、ロータリークラブには不器用で入れていただかなかったがいろいろな勉強会には数多く所属した。私は能力がなく頭が悪い。だからいつも必死に勉強した。勉強していないと不安で不安で仕方がなかった。

三、努力は人を裏切らない

その結果、膨大なノートとメモやファイルが私の手元に残った。死に物狂いで仕事に取り組んでいると、様々なアイデアやひらめきも、ビンビンと出てくるようになった。これに自分自身の生きざまや考え方も加えて、当事務所の機関紙「一期一会」の巻頭言に書いてきた。

今回これを旧知の致知出版社　藤尾秀昭社長のご厚意で、拙著『成功するまでやり続ける』に続いて出版させていただくこととなった。

したがってその内容は私自身の考えたこと、人生の師、素晴らしい先輩や古典をはじめ多くの書から学んだこと、私が自分の七十年の人生の中で会社員時代の十二年間、部門経営者として会社の仕事と言うより自分の仕事と認識し、会社と一体となって働いたこと。そして、創業し四十年、小さいながらも会計事務所を中心に十二の会社団体をつくり必死な経営者の時代。どれもこれも自分の人生の中で体得し、自分の判断のよりどころとさせていただいた「判断基準」「考え方」、いわば私の血となり肉としてきたものばかりをまとめさせていただいた。

その内容は三十年にわたって書き続けたもので、今の時代には似つかわしくないものもある。しかし、その時々の時代の流れに合わせ書いたものであることをご理解いただき、お許しをいただきたいと思う。

難しいことは解らないが、それが正しいことであるならば**「人の倍やれば勝てる」**ことを、体験的に身につけた。**「努力は人を裏切らない」**ことを確信できた。

人は出逢いによって変わる
――完全燃焼の人生を!!

東京にある日本有数の弁護士事務所・虎ノ門法律経済事務所の要請により、平成二十五年四月より共同で名古屋駅前に事務所を開設した。かねてより岐阜において一定の市場占有率を確保し、その後名古屋への進出も考えてはいたが、計画より二年早く出すこととなった。

新たな名古屋地域の、とりわけ相続・資産税を中心とする事案を虎ノ門法律経済事務所と共同でシナジー効果を出しながら対応していくこととなった。

一、千賀修一先生との邂逅

千賀修一先生との出逢いは突然だった。平成二十二年の春、千賀先生から電話があり、「丸善で『成功するまでやり続ける』（私の著書）を昨日買い一気に読んだ。大変感銘を受けた、至急お逢いしたい」とのことであった。面会可能日を二、三挙げると、その一番早い日を選ばれ、わざわざ東京から来社いただいた。

お逢いするなり挨拶もそこそこに、「司法制度の改革が進み、司法試験の合格者が大幅に増える。同業者は競争相手が増えると脅威に感じているが、私はチャンスとしてとらえたい。今回の司法制度改革の理念は、法の支配を全国に及ぼすためのものであり、今回の改革による試験合格者の増員で、採用が容易になるので大量に採用し、徹底的に教育し鍛え込み、依頼者に高度なサービスを提供できる法律事務所をつくり全国に支店を展開していきたい。そのための士業に対する経営指南書としては大いに参考になり、購入と同時に一気に読んだ。そして著者に逢いたくなり今日伺った。また、その他士業の経営に参考になることはないか？」と情熱的に次々と、さすが優秀な弁護士は極めて論理的に話される。私もよく話す方であるが口を挟む間がなかった。

千賀先生の素晴らしい理念を実現するために、全国に組織を拡大し支店を設置する。私は、「崇高で正しい経営理念と素晴らしい経営者のもとで『人』『物』『金』『情報』

その他経営に必要な経営資源をバランスよく配置して活用し、成長・拡大・発展させて行かねばならない」ことをお話しし、同時に経営はシステムであり、素晴らしい「志」を実現するためには、目標を達成するための具体的な設計図、シナリオが必要であることをお話しした。そして、私が創業以来お客様指導の最重要事項として行なっている、四泊五日ホテルで早朝から深夜二時、三時まで缶詰で行っている「経営計画実施作成セミナー」をご紹介したところ、手帳を見られたがビッシリと予定が詰まっていた。予定が変更できるかどうか検討すると帰られた翌日早朝に、千賀先生と内山事務長のお二人が参加するとの申込書がＦＡＸで送られてきた。

その年の六月のセミナーにお二人が参加され、最終日の決意表明で早急な「経営計画書」の作成を決意されると共に、今後司法試験合格者の採用に当たり、「ＩＱについては最難関の国家試験で確認済みなので学科試験はやめ、ＥＱ（考え方）の試験として私の『成功するまでやり続ける』を課題図書として与え、その感想文をもとに採否を決める。司法試験合格者は物事を批判的、ネガティブにとらえる者が多いが、正しいことを肯定的、ポジティブにとらえる人間でなくては成功しない。このような人間を採用する。そして、採用後二年間徹底的に人格と考え方、そしてスキルを磨いた後、支店長に任命する。その際にはこの『経営計画実施作成セミナー』に参加させ、計数面と共に部門経営者としての考え方をしっかり学ばせた上で、支店長に任命したい」と言っていただいた。

その後、二年半経った時、千賀先生からお電話をいただき、去る十二月の「経営計画実施作成セミナー」に、約束通り今後全国に多店舗展開をされる中で最初の支店長として、名古屋支店の古山雅則先生を派遣いただいた。その際、虎ノ門法律経済事務所は、相続・不動産案件も多く、これら問題には税の問題も多く発生する。ここらの資産税の問題に対応すべく、今回の名古屋支店については当事務所と共同で開設してほしいとの申し入れをいただき、前述のような次第になったのである。

これと相前後し一般社団法人地方公会計研究センターの淺田先生より、国の財政の立て直しと共に地方自治体の財政健全化も急務である。そのために、財務諸表を一般の企業会計の方式に則った複数簿記による法制化された公会計制度のうち、基準モデルで作成することは社会的使命であり、総務省の方針でもある。ついては当事務所に岐阜県と共に愛知県、三重県の基準モデル作成コンサルを地方自治体向けに行ってほしいとの依頼もいただき、この対応のためにも名古屋に拠点設置の必要性が生じたのである。

二、完全燃焼の人生

「人間五十年、下天の内をくらぶれば夢幻のごとくなり。一度生を得て滅せぬ者あるべきか」

――これは地元岐阜の戦国の武将織田信長が最も好んでいた「敦盛の舞」の一節で、中学生の頃からこの言葉に強く魅かれてきた。

前述の千賀先生は私より三歳上で七十歳を超えられている。私自身ここ数年体調を崩し、かつてに比べ無理ができず多少弱気になっていたが、千賀先生にお逢いし、何かをやり遂げようという熱い思いを持ち続けたならば、どんな壁にぶち当たっても必ずその向こうに見えてくるものがあるとかつての自分を取り戻すようになった。

人生は唯一度なるものである。命のある限りは、存分にこの肉体と精神のすべてを発動せずにおくものかという信長の闊達邁往《かったつまいおう》の気概を持つ。そして、必死についてきてくれた社員には、自分の家族のためにも一生懸けても悔いがなかったと思え経済的にも満足でき、夢と希望と誇りの持てる会社をつくって引き継がせてやらねばと思い、この名古屋事務所の設置を決めた。

数年後には虎ノ門法律経済事務所と更に他の同志も含め、当初の相続税、公会計業務以外の税務全般を取り扱う名古屋地域の拠点として、面積で今の五倍、十五人ほどの陣容を目指して計画を進めている。

この限られたかけがえのない人生を、病院の先生の指導とバックアップも受けながら、つまらないことに時間をかけるのではなく、大事に、しかしながら何事にも誠実に謙虚に完全燃焼するつもりで、残された人生を思い切りよく生きていきたいと思う。

一回しかない人生をいかに生きるべきか

――誠実で、謙虚に、利他の心で正しく生きる

一、義母の死に思う

私ごとで恐縮だが、平成二十二年十月末に、義母が米寿（八十八歳）で大往生した。義母は、飛騨高山で仏具職人の義父と穏やかな生活を送っていた。義父が他界した後、私は三十歳で脱サラし会計事務所を開業、義母は長女を背に乳飲み児の次女を抱え、必死に事業を軌道に乗せようと悪戦苦闘している私達夫婦を手伝ってくれた。創業間際の事務所併設の自宅で、私達の食事や来客のお茶の接遇、三人の子供達の世話を三女が中学を出るまではと言って、約十八年間高山と岐阜を行き来し、義父の月命日を除き月の半分は、私達を助けてくれた。

その後、高山で穏やかに生活していたが寄る年波には勝てず、一人暮らしが心配に

なり岐阜に呼び寄せしばらく一緒に生活したが、平成十七年、妻の入院手術を機に岐阜のグループホームに亡くなる直前まで入居していた。最期は、三人の子供と三人の孫に囲まれて穏やかに旅立っていった。

告別式の時、三人の子供が義母への手紙の中に「おばあちゃんは、私達姉妹にとって単なるおばあちゃんではなく、二人目のお母さんです。今まで一杯いっぱいありがとう。おばあちゃんの孫になれて私達は幸せです。本当にお疲れさまでした。これからも、ずっとずっと大好きです」と記した。

事務所の創業時代から事務所の発展を心から望み、バックアップしてくれた恩人の一人であった。その生きざまは、正直で誠実で控え目で、陰で朝早くから夜遅くまで黙々と他人が喜ぶことを行う、文字通り「利他」の精神を持った人であった。「多くの人にご迷惑をかけないように」との遺言通り、飛騨高山の菩提寺で身内だけの家族葬で送った。

これで私達夫婦は共に両親を亡くしたこととなる。誰もが人の死に直面しながら、それは他人のことだと深く考えることなく、また考えても日常の忙しさに取り紛れてすぐ忘れてしまう。

中学生の頃、実家のお寺の一室で思った。人生五十年と言うがその四分の一を過ごしたことになる。このままいくとすぐ三十歳、五十歳となりあっと言う間に人生が終わる。死んだ後はどうなるのか？　自分の祖父も祖母も私の物心付く前に亡くなっており、顔も写真でしか知らない。身近な人ですらこうであり、悠久の歴史の中ではまさに、お寺の真ん中の部屋の天窓から差す光の中の塵埃《じんあい》の如きものではないか。「あぁ、俺もいずれ死ぬのだ、死にたくない」と涙がとめどなく流れた少年時代を思い出した。

二、人生とは唯一度なるものである

この言葉は、人生の師の一人㈱ＴＫＣ創設者、飯塚毅先生から教えていただいた西南ドイツ学派の哲学者ヴィンデルバンドの『哲学入門』の中の言葉である。蜀山人《しょくさんじん》は「いままでは、他人のことだと思いしに、おれが死ぬとは、こりゃたまらん」と詠んだ。

「誰の人生もたった一回しかない」。ならばどのような生き方をすべきか？　私の心の中では避けては通れない命題であった。数多くの出逢いの中で、何人かの人生の師からいただいた「言葉」。その「生き方」の中から、そのいくつかを挙げると、「情熱を持って万事に没頭せよ」「全力をかけて瞬間瞬間を生きていけ」「自我を脱却し正しいことをせよ」「明るく、元気に、素直な生き方を」「成功するまでやり続ける」「一生青春、一生勉強」等々、一度しかない人生をいかに生きるべきかの要諦を教えていただいている。

三、正しい行動の選択をするために

多くの人達は、こういった話を聞き、読み、知識としては持っている。しかし、自分の行動選択にあたって、勉強した正しい判断基準に基づいた行動を選択していない。

以前、大阪地検特捜部の郵便料金不正事件の裁判で露呈した証拠改ざん、隠ぺいに走った主任検事は、特捜のエースと言われていたそうである。懸命に勉強し、一流大学法学部に入り、難関の司法試験に合格するために眠る時間も惜しみ勉強に励んだはずである。検事になって将来を嘱望され、社会的にも国民のためにも奮闘してきたはずである。しかし、襲ってきた事象に対し、一瞬の誤った判断がその人のそれまでの猛烈な精進努力の人生を一瞬にして台なしにしてしまう。多くの人がこのような勿体ない誤りを犯す。こうならないためには、どのようにしたらよいか？　「徹底的に高い思想・生き方を真剣に繰り返し、繰り返し勉強することである。」

当社では創業以来、経営計画の作成や月次決算の重要性と共に、素晴らしい経営者・思想家・様々な業界の成功者を招き、これでもか！　と言うほどの勉強会を開催している。

何事も「素直」に受け止め勉強し、実践に移す経営をしておられる経営者は、この厳しい経済状況の中でも利益を計上しておられる。そうでない経営者は、勉強会への出席率は極めて悪い。また、最初は出ても、その話は聞いたといつしか出席しなくなる。知識は得ても、一瞬の重要な時にあるべき判断のできるソフトウエアができるまで、更にそのメンテナンスのために、勉強し続けなければならないことを理解していない。「勉強する経営者は伸びる」「勉強は坂道で車を押すようなものである」「油断をするとすぐ、元に戻ってしまう」。

常に勉強を重ね、どんな状況になっても正しい判断と行動ができる自分をつくっておかねばならないと、つくづく思う。

ガンの宣告を受けて

——一つひとつの事象に誠心誠意、真剣勝負で生きる

「人生とは唯一度なるものである」

前述した通り、この言葉はドイツ西南学派の哲学者ヴィンデルバントの『哲学入門』の中の一節である。

私の生家は寒村のほとんど檀家のない田圃《たんぼ》の中に立つ古びたお寺であった。貧乏ではあるが、家そのものは大きかった。両親が病気がちでやることなすことが上手《うま》くいかず、遂には生活保護を受け、高校進学すら断念せざるを得ない状況となった。学校から帰り新聞配達を終えた後は、自分の人生の行く末について一人古寺の雨漏りのする寒々とした部屋で考える日々であった。十五歳の自分は中学を出て、高校も行けず働くこととなる。

同級生の持っているもの、やっているものが欲しいと思っても、両親を苦しめることと思い、言い出せなかった。いつも弟と共に指をくわえながら我慢をするというのが習い性となり、笑顔の少ない、灰色の人生と言っても過言ではない少年時代を送っていた。

自分の体調を見ても、すぐ高熱を出したり吐いたりしており、体も小さく、自分は五十歳くらいまでしか生きられないのではと思っていた。となると当時十五歳の私には残り三倍ほどしかない。貴重な人生の三分の一を灰色のまま、あっという間に終えてしまった。このまま行くと大して何もしない間にあっという間に終わってしまう。

「ああ、俺は死ぬんだな。死んだ後はどうなるのだ、何も残らない」

古いお寺のだだっ広い居間の天窓から差す光の中に浮かぶ空中の塵埃《じんあい》の如きものでしか自分はない。「ああ、死にたくない。しかし、人は誰しもいずれ死ぬ！」十五歳の幼く多感だった私は、いても立ってもいられない感傷が強く襲ってきて、眠れない夜を何日も送ったものだ。

こんな書き出しで始めたのは、体調の不調から病院で受診し、検査の結果、前立腺がんの疑いがあることを告げられたためである。

一、がんの告知を真正面に受け止める

病院の担当部長からの検査結果の報告は「前立腺がんで悪性で進行性のものであるが、局所内にある。治療法は、①ＰＳＡ監視治療　②薬物ホルモン療法　③放射線療法　④手術療法の四つがある」とのことだった。年齢面や様々な検討の結果、根治を目指した積極的な治療として手術療法を提案したいというものであった。正直「まさか自分が、がん＝死」が頭をよぎり、大変なショックを受けた。

しかし、この件について当社機関誌『一期一会』の第三十号（平成八年十一月発行）にアンドルー・グローヴ氏（米国半導体企業元社長）のがん闘病記について書いたことを想い出した。その一節を再度記してみる。

――「努力」は報われる――

その努力は理にかなった論理的・科学的なものである必要がある。そうでないと、

その努力は徒労に終わる。「世界で最強の企業を挙げよ」と言うと、三本の指の中に、半導体の雄である米国のインテル社の名が出てくる。その総帥グローヴ社長は、弱冠二十歳でハンガリー動乱を逃れて渡米し、まさに徒手空拳・苦学力行、金も物も人も何もない中で、それこそ血のにじむような筆舌に尽くし難い大変な努力の末に今日の地位を築かれた素晴らしい経営者である。ただ努力するだけではなく、その努力は極めて冷静で論理的・科学的に行わなければならないと思い知らされた話があった。それは、グローヴ社長が最近「フォーチュン」誌の巻頭で告白した自らの前立腺がんと、経営戦略家として壮絶な戦いを行っている、という記事である。

一九九四年の秋に前立腺の右側に悪性の腫瘍があることを告げられてから今日まで、告知当初のショックを乗り越え、経営者としての激務をこなしながらの闘病記録と、その難問解決へのスタンスが、全世界の経営者に大きな関心と感銘を与えている。その概略は、がんに対しては素早くとことん、日常のマネージメント方式を冷徹に採ることが肝心。それにはまず、病状と危険性と致死性の徹底的分析。第二に既存の文献と名医たちからの最新情報の収集。第三に外科手術、放射線治療などの主要治療法による主要病院ごとの五年後の治癒・再発率の検討、第四に自分の病状に対応する選択肢の比較研究と意思決定。第五に処置と実施とアフターケア。この五つを「スピードをもってなるべく科学的に、立ち向かうことを旨として……」と記していた。

奇しくも私も全く同じ部位に同じ病気を患うこととなった。私とグローヴ氏とは経営者として雲泥の差があるが、新聞や雑誌を通して学ばせていただいたこの手法を採ろうと思い、早速、元村上記念病院院長・井田和徳先生、岐阜県総合医療センター名誉院長・渡辺佐知郎先生、中濃厚生病院院長・林勝知先生、主治医の岐阜県総合医療センター泌尿器科部長・高橋義人先生等の名医と相談のうえ年齢、部位、その他あらゆる点を考慮いただき、前立腺全摘手術を最新鋭の手術支援ロボット、ダ・ヴィンチを用い高橋先生の執刀で行うことにした。

しかし、手術までに引き受けている多くの仕事、とりわけ一年も前に私の日程に合わせて慶事を行われるものや、定員十五名のところ三十二人も集まっていただいている恒例の経営計画ゼミ、顔写真入りでご案内いただいている講演等はなんとしてもやらせていただく責務がある。これらを一通りこなし九月に入院手術を行った。

手術は大成功ではあったが、発覚から半年以上経ち、当初は前立腺内にとどまる局所内がん初期のはずだったが、前立腺全摘手術後、病理検査をした結果、がんは十七ミリ、五ミリ、三ミリ、二ミリと四つあり、その一部が前立腺外にでている局所浸潤がんであることが発覚、ステージも初期から中期に変更になりリンパ節等を通して他臓器への転移の危険性もあり、単一治療から放射線、抗がん剤等併用治療にデータを基に慎重に検討をしていただいている最中である。どちらにしても逃げないで、必ずや完治を目指したいと思い、必死の努力をしている。

二、会社は「我が子」仕事にも全力を尽くす

会社は三十一歳の時、女房と共に大恩人のお許しをいただき創業し四十年、それこそ三百六十五日寝ても覚めても会社のことを思い人生のすべてを賭けて育ててきた。まさに**会社は最愛の「我が子」**である。手術三日後には病室に机を持ち込み、不得意だったｉＰａｄを買い、娘の指導を受け慣れない操作をし、携帯電話で幹部と打ち合わせ、四日目からは幹部と病室内で報告と打ち合わせ、時間を忘れ、面会時間が終わり、消灯時間になっても終わらず、看護師さんから度々注意を受ける日々だった。

よくいろいろな人から「貴方は仕事が趣味」と言われるが、これにはいささか抵抗を感じる。趣味はどちらかというとメインの仕事とは違い余暇や遊びの範疇《はんちゅう》に入る。私にとって仕事はそんな軽いものではなく、もっと重いもので生きがいであり、人生そのものである。何よりも関与をいただくお客様にお役に立つ存在であり続けなければならない。

また、一度しかない人生を懸けてくれ、私を支え「愛社精神」を持って献身的に働いてくれる社員に、名誉とプライドが持てしっかりとした待遇ができる。どんな時代になっても生き延び、発展継続でき、社員の生活が守れる。更にお客様により良い高品質の商品サービスの開発と提供ができ、盤石の財務体質を持ち、理念を守り、未来永劫発展させてくれる不退転の行動力とリーダーシップを持ち、高い人格と思想・スキル・経営力と愛社精神を持った、多くの後を託すことのできる後継者群をつくり上げる責務がある。

三、その日は必ずやってくる　そのためにやるべきこと

今回このような病気になり、人生の一回性をしみじみと実感し自覚した。

毎年年初に今年は「いつまでにこれをやるぞ！」と決めて臨んだビジネス人生であった。目標を決め、自分を追い込み不退転の気持ちで日々過ごしてきた。周りの人を見てみると、何も決めずその日を迎えてしまった人とは時間の濃さ、人生の重みが全く違うと思う。

私にはまだやらねばならないことがある。この会社の行く末に道筋をつけ、きちんと見届けねばならない。私は平成二十八年九月十七日に代表を引退し会長になる。それまでにしっかりとした、安心して後を託せる数人の後継者をつくり出さねばならない。

厳しいことを社員に要求し続け、続けられない人も数多くいた。しかし、残った社員に「この会社にいて本当に良かった」と心から思ってもらえる会社にしたい。「会社は男が人生を賭ける場所」だ。いや男だけでなく女性も一緒だ。そんな魅力ある会社じゃないとつまらない。

何一つ確実ではないこの世でたった一つ確かなのは誰もがいつかは必ず死ぬということだ。願わしくないが死はその人の確固たる未来である。であるならば、死を考えることは前向きな姿勢だと言える。死を認識すれば死ぬまでにやりたいことが見えてくる。その上で行きたい方向に前向きに生きていこうと思う。

引退後にも夢がある。縁もゆかりもない私に奨学金を出し、奨学生寮もつくり、岐阜県立岐阜商業高等学校に通わせていただき、その後入れていただいた会社で大抜擢をしていただき、次々と試練と大きな仕事を与えていただき、私を育て成長させていただいた今は亡き㈱後藤孵卵場の創業者　後藤静一氏に心からの感謝を申し上げると共に、このご恩を、後世に引き継ぐために、後藤静一氏より教えていただいた生き方、思想を引き継ぎ、私自身も奨学金制度を作り、その活動やその他社会性ある生き方に時間を使わせていただきたいと思う。やるべきことが次から次へと山ほど出てくる。

先日こんな詩を見た。残された人生をこんなふうに送り、悔いのない生き方をしようと思う。

「人生に定年はない」

人生に定年はありません
老後も余生もないのです
死を迎えるその一瞬まで
人生の現役です
人生の現役とは
自らの人生を悔いなく
生きる人のことです

特別対談

百術は一誠に如かず　誠こそすべての礎

○花房正義（日立キャピタル株式会社　名誉顧問）

昭和九年岡山県生まれ。三十二年東京経済大学経済学部卒業、日立家庭電気販売入社。三十五年日立月販（現・日立キャピタル）入社。平成三年同社社長に就任。十三年日立キャピタル会長。十五年日立製作所取締役。その後日立キャピタル特別顧問を経て、二十一年同社名誉顧問。

○高井法博（税理士法人ＴＡＣＴ高井法博会計事務所　代表社員）

〈月刊誌『致知』平成二十七年九月号対談記事より〉

人生は邂逅である。経営の師の教えをもとに、創業間もない会社を一部上場の優良企業に育て上げてきた花房正義氏と、人生の恩人に運命を拓かれ、自身の会計事務所で経営指導に優れた実績を上げる髙井法博氏。互いの誠実な生き方に惹かれ合うお二人に、各々の体験を交えながら経営や人生のあり方を語り合っていただいた。

互いの誠実さに惹かれて

髙井　花房さんには、昨年に引き続いてこの度もまた「花房塾」の講師をお引き受けいただきまして、誠にありがとうございます。

花房　私でお役に立つならということで承りましたが、大勢の方に一方的にお話しするよりも、少人数で一人ひとりとしっかり向き合いたいという私の希望を聞き届けていただいて感謝しております。

髙井　開講にあたって、当社のお客様はほとんどが年商十億円以下の中小企業であることをお話ししましたら、日本経済は事業所の九十九％を占める中小企業が支えていることを引き合いに、そのことを踏まえて話をしたいと言ってくださったので、ぜひお言葉に甘えたいと考えた次第です。

花房　こちらこそ、よろしくお願いします。

髙井　花房さんとのご縁は、二十年近く前に日立キャピタルさんとＴＫＣが業務提携された折、当時日立キャピタルの社長を務めておられた花房さんのご講演をお聞きしたのが始まりでした。

同社中興の祖として脚光を浴びておられた花房さんが、経理畑出身の社長として、経理、財務の発想を中心に据えた経営をされていることに、税理士事務所を経営する者として大変感銘を受けたわけですが、それ以上に、我われから見ると東証一部上場企業を率いる雲上人のような方でありながら、実に誠実で、謙虚で、人間味溢れるお人柄で大変感銘を受けた次第です。

花房　いや、お恥ずかしい（笑）。

髙井　そんな花房さんに親しくお付き合いをいただいて、勉強会をお引き受けいただき岐阜の弊社までお越しいただけるなどとは夢にも思っていませんでした。

花房　私も髙井さんに初めてお目にかかった時に、ご自身の会計事務所を通じて非常に誠実なお仕事をなさっていることに共感を覚えましてね。ぜひ親しくお付き合いしたいと思った次第なんです。

今回の勉強会も、もともとは髙井さんがお客様の経営支援のために三十年以上熱心に運営してこられた「ＴＡＣＴ経営研究会」の一環で企画されたものですから、私としては「花房塾」というより、あくまでも「ＴＡＣＴ経営塾」という認識なんです。

人間の礎を築いてくれた人

高井　今日はぜひとも、花房さんの人間性や経営に対する考え方の原点を伺いたいのですが、ご出身は確か岡山でございましたね。

花房　はい。戸籍は岡山ですが、実際に生まれたのは東京の浅草です。父は岡山師範出の教師でしたが志も高く、親の反対を押し切って、母を連れて東京に出てきて浅草で間借りして、昭和九年に私が生まれました。

昭和十八年、父は肺結核のため三十七歳で死亡し、私は学童疎開を経て昭和二十年、終戦と共に父の実家（岡山）に跡継ぎとして引き取られ、とても大切に育てられました。

ところが学校の図画の先生だった叔父の影響を受けて、画家になるという妙な志を立てましてね。跡を継ぐことを期待されていたにもかかわらず、家を飛び出して上京したわけです。高校二年の時でした。

高井　それは意外でした。お祖父様は何と。

花房　当時はまだ家が大事な時代でしたが、父に次いで私まで家を継ぐことを放棄したわけですから、随分落胆したと思います。祖父は私に「よくよく考えて自分が決めたことならそれでええ。しかし二度とこの敷居はまたぐな」と言われました。

高井　あぁ、二度と敷居はまたぐなと。

花房　なかなかきつい言葉ですけれども、筋がとおっていると思いました。小学五年から高校二年まで七年間、人間として大事な多感な時期に、私は祖父と祖母に躾けていただいたことを今も感謝しています。

経営の支えとなった山城経営学

高井　画家になる夢はどうなりましたか。

花房　岡山で少々絵がうまくても、東京では私の絵の力量なんて全く認められなくて、結局美術学校にもきちんと入ることができませんでした。私の少年時代の一番大きな挫折でしたね。

高井　それで、どうされたのですか。

花房　画家になるだけが人生じゃないと思い直して、ならば経済、と切り替えました。たまたま東京経済大学を受験して、何とか入学することができました。そして最初に出会った山城章先生によって私の人生は大きく開かれました。私の一期一会です。

高井　山城先生はどんな方だったのですか。

花房　世代で言うとドラッカーと一歳違いくらいで、当時の我が国を代表する経営学者でした。現代の経営学はマーケティング論とか、戦略論とか、アメリカのビジネススクールのスタイルが中心ですが、それらに比べると、山城理論は原理原則派です。経営の根本に関してとても優れた学説を提唱された先生で、もし将来世界に通用する「日本経営学」が確立するならば、山城理論こそがその嚆矢《こうし》に値すると私は思います。

例えば山城先生は、今主流の株主主権論ではありません。株主はもちろん大事な存在ですけれども、株主だけで経営が支えられているわけではなく、従業員、顧客、金融機関、地域社会とのバランスの上に支えられている存在だと、当初から説明されていました。特に地域社会がステークホルダーとしてますます重要になることを当時から見通していらっしゃいました。

高井　卓見ですね。

花房　そういう山城先生の謦咳《けいがい》に接して直接ご指導いただくご縁に恵まれたことは、本当にありがたいことでした。

先生は定年後、サロンのような場が欲しいとおっしゃいましてね。先生を応援するたくさんの財界人の方々が発起人になって、山城経営研究所がつくられました。私も発起人の中で一番若かったものですから、先生が八十四歳でお亡くなりになるまでずっと世話役を務めさせていただいて、たくさんの薫陶を受けてきました。今でも経営の話をする時には、私は山城経営学の真髄に触れるような気持ちでお話しさせていただいています。

なお、山城経営研究所は、今も「経営道フォーラム」を中心に継続され立派に活躍されており、関係者の皆様方のご努力に心より感謝の意を表する次第です。

極貧の中で出会った人生の大恩人

花房　髙井さんはどんな幼少期をお過ごしになりましたか。

髙井　私は昭和二十一年、日本が戦争に負けた翌年にこの岐阜県の山奥の小さなお寺の次男坊として生まれました。

　私が生まれる前まではたくさんの農地を持っていて大変裕福なお寺だったんですが、農地解放で大半の土地を手放すことになりましてね。父は生活のために学校の教師をしていたのですが、花房さんのお父様と同じように胸を悪くして療養生活を余儀なくされました。生活保護を受けなければならないくらい困窮して、その上母まで体を悪くしたものですから、私は小学校の低学年から新聞配達などをしながら学校に通っていたんです。

　とても貧乏でしたが、両親は教育に理解があって、高校ぐらいは行かせてやると言ってくれていました。ところがある日、新聞配達を終えて家に帰ったら、お医者さんの車が止まっていましてね。父が脳溢血で倒れてしまったんです。

花房　あぁ、お父様が。

高井　幸い命は取り止めましたが、家族の生活を支えるには自分が働くしかないと考えて、担任の先生に高校進学を断念することをお伝えしたんです。そうしましたら、父がその地域の他の学校で教えていたこともあって校長先生、教頭先生ともども大変心配してくださって、連れて行ってくださったのが後藤静一という方の所だったんです。

花房　高井さんの生涯の師となられた方ですね。

高井　はい。「ゴトウのヒヨコ」の名で親しまれた後藤孵卵場という会社を創業された方で、同社をグループ二千人の、世界で最も大きなヒヨコの生産販売会社に育て上げられた方でした。不遇な生い立ちから身を起こし、生長の家や一燈園で人間としての修練も積まれた立派な方だったんですが、その方が先生から事情を聞かれて、「この子は私が責任を持って高校へ行かせます」と言ってくださいましてね。ご自身で立ち上げられた奨学金制度・奨学生寮の第一号として私を県立岐阜商業高等学校という、地元で非常に歴史のある学校に入れてくださったのです。

私としましては、高校へ行けるだけで望外の幸せでしたが、高校卒業後さらに後藤さんの会社に入れていただくことができました。そこでご恩に報いるために必死で働かせていただいたことが、自分の人間形成の核になったと思っています。おかげで人生が一変したといいますか、新しい人生がそこから開けてきたわけで、私にとって後藤静一さんはまさしく人生の大恩人でした。

理念と行動指針

花房　人生の門出でよい人に巡り会われましたね。私自身も若い頃に山城先生に出会い、学んだものの考え方が、人間形成や経営の核になりました。私は、経営も人生も一番の大本は理念にある。理念がぶれないでしっかりしていることが一番大事だと思っていますが、これも元を辿れば山城理論なんです。長い間謦咳に接して先生の考え方が私の骨身に染みとおったようになっているわけです。

高井　出会いの不思議を思います。ところで、日立キャピタルにはどういう経緯で入社されたのですか。

花房　私は昭和三十二年の卒業なんですが、ちょうどその頃日立製作所が家電事業に手を広げるために、日立家庭電気販売という会社をつくりました。家電販売ならば大量採用ですから入社できる可能性がある、と勧められましてね。山城先生の紹介状の効き目もあって、晴れて日立のグループ会社に採用されたんです。

それから程なく、日立の家電を消費者の皆さんに使っていただくには月賦販売が不可欠だということで、日立月販が設立されて私はそこへ異動しました。当時は社長も含めて十一人の会社で、私は一番の下っ端でしたけれども、その会社が後に日立クレジットになり、さらに日立キャピタルになったわけです。

髙井　もともと十一人だった会社が、六千人の一流企業に成長したのは驚くべきことです。花房さんは創業のメンバーとして、文字どおり同社を牽引してこられたわけですが、その原点には山城先生の教えがあったわけですね。

花房　はい。山城先生は常々、理念を明確に示すことが大事だとおっしゃっていました。のちに、私が社長の時に掲げた経営理念は、「健全経営、人間尊重、社会責任」の三つでした。

ところが当時、全国のお客様や金融機関を訪問した折、全く同じ理念の文言に出合い、ハテどうしたものかと先生に相談したところ、理念が根本だということに変わりはありませんが、その理念を正しく実践する時の行動指針を考えなさいと示唆されました。

目から鱗とでもいうのでしょうか、早速行動指針なるものを示しました。

高井　大変示唆に富んだ教えですね。それで、どのような行動指針を立てられたのですか。

花房　三つの行動指針を示しました。一つは、あくまで実体経済の裏付けのあるクレジットビジネスに徹するということ。

私が社長になったのは平成三年ですけれども、当時は消費者金融やサラ金の類が非常に蔓延していた時期です。それで、利益をもっと出すために自分たちも消費者金融をやらせてほしいという支店長が何人もいたんですが、私は、現状の当社のリスク管理能力の実態から、単なる金融は目先儲かってもやらないと決めたのです。そういう判断を下す際に、この行動指針が生きたわけですね。

それから日立クレジットは形のあるものをつくる会社ではなく、リースやレンタル、保険などの制度が商品といえます。そして何を制度化すればいいかといえば、それはまさしくサービスであるということで、行動指針の二つ目はサービスの制度化に努めようということを掲げました。

さらに三つ目に、リスク管理を弛《たゆ》まず追及しようということです。こういう行動指針を示して理念を具体化すると、さすがに他の会社と同じになるというようなことはありません。要は他人のやらない、あるいはやれないことをやる、という差別化戦略にも通じることだと思います。

この理念と行動指針に基づいて経営に取り組んだことで、当時の金融界で日立クレジットの債権内容がおかげさまで高く評価されました。

ということで、私のすべての支えは山城先生と言っても過言ではありません。

金融サービス業を標榜して

高井　経営に携わる中で、厳しい時期はございましたか。

花房　昭和五十年代の終わりに、それまで十五期続けていた増収増益が途絶えて、三期減益が続きました。私が平の取締役から常務になった頃なんですが、それまで早く役員にしてもらって、自分のアイデアで自由にいろんな経営戦略を立てていましたから、非常に責任を感じました。今だから言える話ですが、いい薬になったと思います。

上場しますとやっぱり株主が第一義になりがちだと思うんですが、社員やお客様を本当に大事にしてきたかとか、各地でファンが減っているのではないかということを謙虚に省みるのは、やっぱりそういう逆境の時ですね。いまで言うCI（コーポレート・アイデンティティ）やCSR（コーポレート・ソーシャル・レスポンシビリティ）に関心を深めたのも、その時期でした。

髙井　逆境が貴重な転機になったわけですね。

花房　そういうことを踏まえて私は経営方程式というものを次々に打ち出しました。例えば、「サービス業の価値＝品質×体質」もその一つです。品質は実体のある新商品、新サービスを言いますが、体質については、「体質＝財務の体質×人財の質」と定義しました。
財務の体質については、きちんとした目標を定めようということで、ROE（株主資本利益率）などについても当時から数値目標を掲げました。そうすると社員も興味を持って努力してくれますから、自ずと人財の質も向上していくわけです。

高井　二つの目標を掲げて、そのバランスを取りながら達成していく花房さんの経営手法は、楕円《だえん》経営と呼ばれて随分脚光を浴びていましたね。

花房　当時は金融業といえば即、銀行という時代でした。それ以外の金融会社で私どものように「金融サービス業」を標榜して、明確な財務目標を追求した会社は、まだ少なかったと思います。おかげさまでダブルAの格付けもいただき、会社の社会的評価はぐんと高まりました。

高井　当時はバブル期で、マネーゲームに踊らされて失敗した会社もたくさんありましたが、そういうものに手を染めずに見事に乗り切られて、周りが四苦八苦する中でダブルAをとられると、ものすごく差がつきますよね。

経理ご出身の花房さんが、しっかりした理念をもとに具体的な指標を前向きに打ち出され、社員の方々を鼓舞されて好業績に繋げていかれたことには、私も大きな示唆をいただきました。

人生は邂逅なり

花房　高井さんのその後の軌跡も聞かせてください。

高井　私は、後藤静一さんに出会って商業高校に入れていただいたおかげで、簿記や算盤《そろばん》を習うことができましたし、会社に入ったら経理部に所属されました。そうでなければ、この会計事務所を立ち上げることもなかったと思うんです。ですから後藤さんのことを思うにつけ、人生は邂逅なりという言葉を私はつくづく実感させられるんです。

花房　後藤孵卵場でのお仕事はいかがでしたか。

高井　業界では一番大きな会社で、子会社をいくつか持っていたんですが、その一つで鶏肉の製造を行っていた美濃かしわという会社の経営が大変厳しい状況になりましてね。経理部から一人出向させることになって、高校を出て一年勤務しただけの私が責任者として赴くことになったんです。

花房　仕事ぶりが認められていたのでしょうね。

髙井　やはり後藤さんのご恩に報いたいという思いがありましたから、必死で働いていました。それから、母校の県立岐阜商業高等学校は地元でそれなりに評価されていて、教師を務めておられたＯＢの方々からも絶対に負けるなと言われていましてね。他の社員より早く、毎朝七時半に出社して、夜も九時、十時くらいまで残って完璧な仕事を目指しました。これは十二年間のサラリーマン時代にずっと続けていました。

出向した会社は三十八人の会社で、お笑いになるかもしれませんが、主任の名刺をいただいた時はとても嬉しかったですね。

その後も係長、課長とグループ最年少で毎年のように昇進させていただいた上に、総務課長や企画室長まで兼務させていただいて新しい仕事を次々とやらせていただきました。

花房　大変なご活躍ぶりでしたね。

高井　昔からのめり込むほうで、自分では会社の仕事なんて思っていなくて、自分の人生というような感覚でやらせていただいていましたね。まさに仕事を通じて成長させていただいたと思います。

ところが農業の自由化で海外から格安の鶏肉が入ってくるようになったために経営が非常に厳しくなりましてね。経費が賄えず、遅配に陥ってしまったんです。私はまだ二十歳そこそこでしたけれども、金策が追いつかずに「どうなってるんだ！」と電話が殺到する。支払いの滞っている取引先から会いたいって来られると、もう呼吸ができなくなるんです。精神的にまいってしまって、過呼吸や不眠、さらには心臓が激しく打つような状態が続いて、病院からも少し休むように言われていたんですが、とてもそういう状況ではなくて働き続けていたら、ある晩洗面器いっぱいの血を吐いて、一か月くらい入院を余儀なくされてしまいました。

花房　あぁ、そこまで追い詰められて……。

高井　大変お世話になった会社で大抜擢を受けていましたし、給料の何割かを病気療養していた両親や、高校の授業料を弟に送らなければなりませんでしたから、それまではただがむしゃらに頑張っていました。けれどもその一件で、このままでは死んでしまうかもしれない、と深刻な危機感を抱きましてね。自分の将来を真剣に考え始めたんです。

幸い、美濃かしわは鶏肉の加工食品に進出して窮地を脱し、それに伴って私の体調も徐々に回復していきました。そんな折に税理士という資格があることを知って試験勉強を始めたんです。勉強といっても、毎日早朝から夜遅くまで働いていましたから、睡眠時間を四時間に削って独学で試験勉強に挑みましてね。毎年一科目ずつ、六年かけて試験に合格したんです。

花房　それで独立を決意されたわけですか。

高井　はい。会社から非常に高く評価していただいていることをありがたく思う一方で、貧しさに苦しんでいた家族のためにも、独立して事業を成功させ、高井家を再興したいという強い思いもありました。結局、ここで挑戦しなければきっと後悔すると肚《はら》を括《くく》ったんです。

後藤静一会長にご相談すると強く慰留されましたけれども、半年くらい経った時に、「よく解った。君の人生も一回なら、私の人生も一回きり。許可しよう」と認めてくださって、円満に退職することができたんです。

当時はまだ三十歳でしたから、独立しても大変だろうと随分心配してくださいましてね。仕事やお客様を随分ご紹介いただいたおかげで、少しずつ軌道に乗っていったのです。

今も私の部屋には後藤会長の写真を掲げてありますし、毎年のお盆のお参りも欠かしません。

きょうも一日、多くの人のお役に立ちますように

花房　どんな事務所にしていきたいとお考えでしたか。

髙井　後藤孵卵場の経営理念を今でもよく覚えているんですが、「きょうも一日、多くの人のお役に立ちますように」

というものでしてね。私はこの利他の精神に非常に共感していたものですから、開業当初につくった僅か五ページの経営計画書の一番初めに、

「当法人はお客様の経営体質の強化と健全経営の実現のために、お客様に対するビジネスサポート業に徹する」

と記したんです。

二番目に掲げたのは「情報発信基地」になるということでした。中小零細企業って情報が不足しているんですね。人間は自分の知識の範囲内でしか行動できないものですから、研修や勉強会などを主宰してお客様の経営に役立つ良質な「情報発信基地」になろうと考えました。

それから三つ目が、お客様の会社の「社外重役」という意識で仕事をさせていただくということです。商法や会社法上の役員にはなれないけれども、それと同等の高い意識でお客様の事業の発展に貢献するということを事業目的として掲げさせていただきました。

開業してから思うんですが、よく認められないとか、左遷されたとか、リスト

ラされたというような話があるんですけれども、それは他人が決めたようで、実は全部自分で決めた結果であることを忘れてしまっているんです。自分の会社やお客様の役に立つよう一所懸命仕事をしている人が認められないわけがありませんから、どこかに問題があるんです。事業も一緒で、利益が上がらないのは、世の中からリストラされているわけで、お客様の役に立つ事業を誠実に行っていれば、絶対に発展すると私は確信を持っています。

花房　おっしゃるとおりだと思います。

髙井　国税庁の発表では、今日本の中小企業で利益を上げているのは三十・六％しかないそうですが、ありがたいことに当社のお客様は七十一％が利益を上げておられましてね、税務署長からよく、「おたくのお客様は財務体質がしっかりしておられますね」と言っていただいているんです。当然お客様には喜んでいただいていますし、地域経済にもお役に立っているし、社員にも誇りを持って働いてもらっています。

花房　よくここまで導いてこられましたね。

高井　私は税務署にいたことも、会計事務所にいたこともない民間企業の出身ですが、そのことで逆に、経営者の気持ちに寄り添うことができたのがよかったのかもしれません。

逆境といえばいつも逆境のようで、厳しい状況の連続でしたけれども、とにかく必死に毎日やってきました。創業前からずっと私の手となり足となって一緒に事務所の発展に尽くしてくれていた部長が交通事故で亡くなったり、辛いこともたくさんありましたが、とにかくポジティブに、前向きに、遮二無二やってきました。何か事を成そうと思えば、かける時間も圧倒的に費やさないと一定以上のことはできない。そういう思いで努力を重ねてきましたね。

花房　苦しい時に何が支えになりましたか。

高井　会計ソフト販売会社の団体であるＴＫＣ全国会をはじめ、様々な経営の勉強会に積極的に参加して学んできましたが、そういうところに来られている一流の方々にたくさん触発されてきました。

また、本や講演テープなどを通じて、スキルの勉強と共に、本物の人物のものの考え方も学んできました。そういうものをひもとくと、立派な経営者でも裏では大変な苦労をしておられて、自分の悩みなど大したことはないことに気づかされるんですね。

私は新しいことをどんどんやるほうですから、一番多い時には六億三千万円くらいの借金をしていました。けれども今は無借金で、自己資本比率もグループ全体で九十一％と、筋肉質な経営体質になっています。これもたくさんの方々から貴重な学びを得、実践行動に移したおかげです。

リーダーは改革者でなければならない

髙井　昨年、高山にご一緒させていただいた時に、うちのお客様の若い経営者の方が人の悩みを抱えておられたので、花房さんにご相談させていただきましたね。あの時花房さんが最後に、「人を育てる楽しみをもっと意識しなさい」とおっしゃったのがものすごく印象的でしてね。まさに目から鱗が落ちるような思いがしました。

花房　私は、人を育てるにはまず、基本をしっかり根づかせることが大事だと思います。その上で自由に働いてもらうのです。ただ、自由には自己責任が伴うことを自覚してもらうために、

「自由、自己責任、自助努力」

という三つの言葉をセットで言い続けてきました。決められたことや、上から言われたことだけをやるというのではなくて、自分自身で考えて行動すべしと。そしてそのためには、社員に人としての基本をきちんと根づかせなければいけません。

それから、成長する企業というのは煎じ詰めると、社員もお客様もすべて、人を愛し、人を生かす企業だと思うんです。ですから、基本がしっかり根づいているということと、人を愛して人を生かしていく企業であるということが、一つのブランドとなって世間から理解されるようになれば、そういう企業は必ず成功すると思います。

髙井　本当におっしゃるとおりで、人を育てるには愛情が不可欠だと思いますね。お

かげさまで当社の顧客数も今では七百社くらいになりましたが、素晴らしい経営をやっておられる方は、人を育てることに人も資金も時間もしっかりとかけておられます。

ですから私はお客様にアドバイスをさせていただく時に、経営計画書に「試験研究費」という勘定科目があるかどうかを非常に重視しているんです。要するに人財育成費をしっかりと予算化していただきたいということでしてね。私自身も創業してから苦しい中でずっと売上高の一割をこの試験研究費に充ててきたんです。社員に対して会計や税務にまつわる専門スキルと共に、人間学の勉強を実践していく環境を整えてきたんですが、結果的に同業他社に比べて人財が揃っていると評価されるような会社になることができました。試験研究費という科目は、ぜひつくっていただきたいですね。

花房　大切なことだと思います。

せっかくの機会ですから、リーダーの条件についてご参考までに申し上げますと、私は、リーダーというのは常に改革者であらねばならぬと考えます。苦しい時はもちろんですが、いい時にも、もっといい会社になろうという改革が必要なんですね。

もう一つは、人間愛です。人間愛に満ちたリーダーでなければ、髙井さんがおっしゃるような人財育成に力を入れることはできませんし、そもそも苦しい時に自分だけ生き残ろうというような考えの人がリーダーをやってはまずいですよね。

さらにリーダーは、自己規律を持っていなければなりません。要はセルフコントロール、自分をコントロールできる人間。例えばすぐカッとなって自分を抑えられない人は、リーダーは務まらないと思います。

髙井　あぁ、よく解ります。私はこれまでいろんな方々から学んできて、常に意識するようにしているのは、リーダーは自分のことだけ考えていてはならないということです。それと、社員の生活や会社の命運を一手に担っているわけですから、正しい決定ができるように、徹底的に勉強しなければなりません。経営というのはやはり決定ですね。一つひとつの決定の延長線上に現在があるわけですから。

そして何よりもポジティブで、人を正しい方向に引っ張れること。何事も一日延ばしにしないでスピード感を持って実行していかなければなりません。

さらには、利己心をできるだけ省いて、利他の心で経営を担うことが大切です。いくら頭が良くても自分のことばかり考えている人にはついて行く気がしませんし、最終的にはダメになっていくものです。けれども一流の人物というのは、頭がいいとか悪いとかは関係なく、利己心を度外視して相手のために行動するものです。

リーダーはそういう利他の生き方を実践して、理に適った利益を上げていくことが大事だと私は思います。

打つ手は常に無限

花房　私はこれまで「実践に学ぶ」ということを信条としてきました。しかしいまだに未熟者です。そしてこの道が遠くて長いことも承知しています。でも、自分が貫いてきた人生信条を問われるなら、「学、実践」とでも書くかなぁと思っているんですけれども、髙井さんはどんな人生信条をお持ちですか。

髙井　私は、「人生成功の秘訣は目標設定にある」と思っています。まずは自分はどうなりたいのか、どうしたいのかを明確に決めるということと、花房さんがおっしゃったように「実践行動、知行合一」こそすべてだと思います。

それから、これはいつもポケットに入れて持ち歩いていて、ボロボロになっているんですが、私の宝物でしてね。「打つ手は無限」という詩なんです。

すばらしい名画よりも
とてもすてきな宝石よりも
もっともっと大切なものを
私は持っている
どんな時でも
どんな苦しい場合でも
愚痴を言わない

参ったと泣きごとを言わない
何か方法はないだろうか
何か方法はあるはずだ
周囲を見回してみよう
いろんな角度から眺めてみよう
人の知恵も借りてみよう
必ず何とかなるものである
——なぜなら
打つ手は常に無限であるからだ

苦しい時、辛い時にこれを繰り返し読んではまた気を取り直して歩んできました。

花房　心を打つ詩ですね。

髙井　現在の自分の姿というのは、結局、いろんなことにぶつかった時にどういう判断をするか、その集積だと私は思うんです。ですから目標を決めて一所懸命勉強して、少しでも正しい判断を一つずつしていくことが大事ですし、その先に未来も開けていくと思います。何人もの社員を雇わせていただいている身でもありますから、自利利他の精神で、一度しかない人生、極力誤りのない生き方をしたいと願っています。

きょうの対談テーマは「百術《ひゃくじゅつ》は一誠《いっせい》に如《し》かず」だそうですが、吉田松陰も、「至誠《しせい》にして動かざるもの、いまだ之《これ》あらざるなり」と言っています。私もこのような精神を貫いていきたいですね。

花房　日立製作所は創業来、「和と誠と開拓者精神」という日立精神を掲げてきましたが、この三つのうちのキーになるのが誠である、と会社に入社した時に教わりました。確かに誠がなければ、和も開拓もうまくいきません。誠の精神で経営をし、これをしっかりと継承していくことで、会社も成長を続けていくことができると私は信じています。

あとがきにかえて

いよいよこの日がきた。何事も始めがあれば、終わりがある。

私は本日（平成二十八年九月十七日）、七十歳・古希の誕生日を迎えた。また、本年は高井法博会計事務所 創業四十周年でもあります。二年前に大病を患って以降、気力だけは青春時代と同様いささかも変わらないが、体力の衰えはいかんともしがたく、そろそろ潮時かと認識せざるを得ない状況となった。

これを機にかねてからの計画通り、所長を後継に引き継ぎ、会長へ就任をさせていただきます。

今思うと、あっという間の七十歳である。嬉しかったこと、楽しかったこと、辛く苦しかったこと、悲しかったことが、次々と走馬燈のように頭に浮かんでくる。本書にも何度も書いたが、私の少年時代は、戦後の社会激変期、生家の没落や両親の病気等もあり生活保護を受けざるを得ないような境遇を体験し、また高校進学時や就職、会社員時代にも多くの試練に直面した。その後、昭和五十三年に高井法博会計事務所を創業し、その後も様々な困難や試練に遭遇した。いつも能力を超える問題、試練が次々と私の前に立ちはだかった。その度に私は悩み、苦しみ、くじけそうになったが、死に物狂いでそれらの問題に対峙していると、その都度、誠に絶妙なタイミングで私を助け、力を貸してくれる恩人が現れた。

今、私の人生を振り返ってみると、いつ足を踏み外してもおかしくないような断崖絶壁の細い一本道を歩いてきているような気がする。まさに神様のご加護があったとしか思えないような気がする。

そんな中で最たる方は、大恩人である今は亡き㈱後藤孵卵場 創業者 後藤静一氏であります。私が中学三年生の時にお逢いし、経済的な事情から高校進学を諦めていた縁もゆかりもない私に奨学金を出し、岐阜県立岐阜商業高等学校に通わせて下さり、ここで学んだ簿記や会計の知識が税理士の道への礎となり、そのおかげで現在の私があります。その他多くの恩人が私を支え、援助して下さいました。このようなご恩を後世に引き継ぐために、私は将来社会へ恩返しをしたいと、長年心に秘めていたことがあります。それは後藤静一氏より教えていただいた「生き方」、「思想」を引き継ぎ、私自身も奨学金制度をつくり、「優秀ではあるが、経済的理由から高校、大学へ進学することができない子供たちを援助したい」ということであります。

創業四十周年と、私の古希・事業承継を記念し、秘かに心に温めておりました、念願の私財を投じた奨学金制度の設立・発足をさせていただきます。

この奨学金制度創設の趣旨・理念を次のようにまとめました。ご一読いただき、ご指導、ご助言をいただけたら幸甚です。

【財団法人高井法博奨学会の理念】

今から四十年前の昭和五十三年三月。私は三十一歳の時に、大恩ある㈱後藤孵卵場をお許しを得て退社させていただき、税理士の資格だけを頼りに、税務署にも会計事務所にも勤務したことのない私が、希望と不安を胸に、妻と共に岐阜市山県三輪の自宅にて高井法博会計事務所を開業させていただきました。

創業にあたり、「自分は何のために、また何がしたくてこの事業を行うのか、今後どうなりたいのか、どうしたいのか」を自問自答し、「志」（経営理念）としてまとめ、さらにたった五頁の「経営計画書」にまとめた。その後法人化が認められた際には文言を整理し、定款の第一条に次のように明示した。

税理士法人TACT高井法博会計事務所　定款　第一条

「当法人は、お客様の経営体質の強化と健全経営の実現のために、お客様に対し『ビジネス・サポート業』『情報発信基地』『社外重役』としての役割を果たし、お客様の事業の発展に寄与し、当法人の発展と全社員の物心両面の幸せを勝ち取り、もって国家・社会の発展に貢献することをTACTグループの共通の使命とする」

この創業理念のもとに、同志である社員・家族と共に、必死な、それこそ誰にも負けないと自負するほどの努力を続けて参りました。その過程に於いて、それが正しいことであるならば「人の倍やれば勝てる」ことを体験的に身に付け、「努力は人を裏切らない」ことを確信することができました。

また多くのお客様をはじめ、人生の師・恩人の物心両面にわたるご支援ご教導により、今日を迎えることができました。

本年は創業四十年。また、私と妻も古希を迎えることとなります。これを機に所長を後継に引き継ぎ、会長に就任をさせていただくことといたしました。

この時にあたり、兼ねてより秘かに心に温めておりましたことを、実行に移すことにいたします。

私の生家は、父が五十代目の住職という浄土宗の由緒ある寺であった。檀家は少ないが、集落の多くの土地は寺の所有だった。しかし、戦後社会の激変期、両親は農地解放に上手く対応できず、また生活のために試みた様々な事業も上手く対応できずに体調を崩し、極貧の生活を余儀なくされた。遂には生活保護を受け、私達兄弟は小学校低学年から新聞配達をして家計を助けたが、私が中学三年の時、父が脳溢血により半身不随となり、高校進学も断念せざるをえなくなった。そんな折、母親や先生の骨折りで㈱後藤孵卵場 創業者 後藤静一氏に引きあわせていただいた。氏は、縁もゆかりもない私に奨学金を出し、奨学生寮もつくり、岐阜県立岐阜商業高等学校に通わせてくださった。その後、入れていただいた会社で大抜擢をしていただき、次々と試練と大きな仕事を与えていただき、私を育て、成長させていただいた。今は亡き後藤静一氏のご恩を後世に引き継ぐために、教えていただいた生き方・思想・利他に徹することがすなわち自利であるという「自利とは利他を言う」との人間の真の生きざま、「世のため人のために役立つ」ことを、人生の最終章には是非させていただきたいという強い思いを持っておりました。私は予《かね》てより無駄遣いはできない性格で、コツコツと倹約し貯めておりましたささやかな私財と、今回の退職金を活用し、念願の奨学金制度「髙井法博奨学会」を設立・発足させていただくこととといたしました。

この奨学金制度の創設の意図は、三つあります。

一つは前述した通り「自利利他」の実践であり、今日まで私を育て、支援していただいた社会へのお返しをしたいということであります。

二つには、東京市長の後に内務大臣として関東大震災後の復興に取り組んだ後藤新平翁は、「事業家として財を遺すは下、事業を遺すは中、人を遺すは上なり」という言葉を残しました。これこそ、多くのステークホルダーのおかげで何とか事業を興し、四十年。後継者陣に後を託すところまで参りました。私自身、今後個人の私生活ではもう多くのお金は必要とせず、個人のお金の使い道として若い人を育てることに使いたいと思ったことです。

三つには、誠実で一所懸命努力をしている、「品行方正、学力優秀」で、将来、世のため人のためになる可能性がある子供だが、家が貧しくて上の学校に行くことができない学生を見つけ出し、その学生を援助し、このままでは野に埋もれる宿命の学生を「身を立て、名をあげ」世に羽ばたかせ、同時に岐阜市、岐阜県、日本国、社会のために有用な人財に育ってくれればという気持ちからであります。

本来、一会計事務所の創業者である私のささやかな資金で行うには限界があり、低金利下の現在、基金からの果実はほとんど期待できませんが、私の残された人生をこの制度の充実のための活動や、その他社会性ある生き方に、ささやかな体力と時間を使わせていただきたいと思っております。
願わくは、この奨学金制度が「貧者の一灯」として、人類の発展に貢献する有為な人財の育成に貢献できれば、このうえなく幸せに思います。

平成二十八年九月十七日

高井　法博

〈著者略歴〉

高井法博（たかい・のりひろ）
昭和21年岐阜県生まれ。40年県立岐阜商業高校卒業、後藤孵卵場入社。51年税理士試験に合格し、翌52年に税理士登録。53年高井法博会計事務所を開設。以来、税務・会計はもとより経営計画、人財育成、株式上場支援、海外進出支援、M&A、事業再生支援・事業再編・事業承継、相続、社労士・行政書士業務、人材派遣、外国人技能実習生受入等、経営全般にわたる支援業務に幅広く携わる。著書に『成功するまで、やり続ける』（致知出版社）、『人生は出逢いである』（PHP研究所）などがある。

会社成長のセオリー

平成二十八年九月十七日第一刷発行

著者　高井　法博
発行者　藤尾　秀昭
発行所　致知出版社
〒150-0001 東京都渋谷区神宮前四の二十四の九
TEL（〇三）三七九六—二一一一
印刷　㈱ディグ　製本　難波製本
落丁・乱丁はお取替え致します。　（検印廃止）

ISBN978-4-8009-1125-4 C0034
ホームページ　http://www.chichi.co.jp
Eメール　books@chichi.co.jp

人間学シリーズ

修身教授録
森信三 著
国民教育の師父・森信三先生が大阪天王寺師範学校の生徒たちに、生きるための原理原則を説いた講義録。
定価／税別 2，300円

家庭教育の心得21
母親のための人間学
森信三 著
森信三先生が教えるわが子の育て方、しつけの仕方。20万もの家庭を変えた伝説の家庭教育論。
定価／税別 1，300円

父親のための人間学
森信三 著
「父親としてわが子に残す唯一の遺産は、『人間としてその一生をいかに生きたか』である」父親人間学入門の書。
定価／税別 1，300円

現代の覚者たち
森信三・他 著
体験を深めていく過程で哲学的叡智に達した、現代の覚者七人（森信三、平澤興、関牧翁、鈴木真一、三宅廉、坂村真民、松野幸吉）の生き方。
定価／税別 1，400円

生きよう今日も喜んで
平澤興 著
今が楽しい。今がありがたい。今が喜びである。それが習慣となり、天性となるような生き方とは。
定価／税別 1，000円

人物を創る人間学
伊與田覺 著
95歳、安岡正篤師の高弟が、心を弾ませ平易に説いた『大学』『小学』『論語』『易経』。中国古典はこの一冊からはじまる。
定価／税別 1，800円

『論語』に学ぶ人間学
境野勝悟 著
『論語』がこんなにも面白く読める！『論語』本来のエッセンスを集約。人生を支える実践的な知恵が散りばめられた書。
定価／税別 1，800円

日本のこころの教育
境野勝悟 著
「日本のこころ」ってそういうことだったのか！熱弁二時間。高校生七百人が声ひとつ立てず聞き入った講演録。
定価／税別 1，200円

語り継ぎたい美しい日本人の物語
占部賢志 著
子供たちが目を輝かせる、「私たちの国にはこんなに素晴らしい人たちがいた」という史実。日本人の誇りを得られる一冊。
定価／税別 1，400円

本物に学ぶ生き方
小野普也 著
安岡正篤、森信三、西郷隆盛など9人の先達が説いた人間力養成の道。テレビでも紹介され、話題に！
定価／税別 1，800円